本草药王

李时珍

方士华 编著

辽海出版社

图书在版编目(CIP)数据

本草药王李时珍/方士华编著. —沈阳：辽海出版社，2017.6
ISBN 978-7-5451-4119-1

Ⅰ.①本… Ⅱ.①方… Ⅲ.①李时珍(1518-1593)-传记 Ⅳ.①K826.2

中国版本图书馆 CIP 数据核字(2017)第 135863 号

责任编辑：孙德军
封面设计：李　奎

出版者：辽海出版社
　　地　　址：沈阳市和平区十一纬路 25 号
　　邮　　编：110003
　　电　　话：024-23284381
　　E-mail：dszbs@mail.lnpgc.com.cn
　　http://www.lhph.com.cn
印刷者：北京一鑫印务有限责任公司
发行者：辽海出版社

幅面尺寸：155mm×220mm
印　　张：14
字　　数：218 千字

出版时间：2017 年 7 月第 1 版
印刷时间：2017 年 8 月第 1 次印刷
定　　价：29.80 元

《世界名人传记文库》编委会

主编	游 峰	姜忠喆	蔡 励	竭宝峰	陈 宁	崔庆鹤
副主编	闫佰新	季立政	单成繁	焦明宇	李 鸿	杜婧舟
编委	蒋益华	刘利波	宋庆松	许礼厚	匡章武	高 原
	袁伟东	夏宇波	朱 健	曹小平	黄思尧	李成伟
	魏 杰	冯 林	王胜利	兰 天	王自和	王 珑
	谭 松	马云展	韩天骄	王志强	王子霖	毕建坤
	韩 刚	刘 舫	宫晓东	陈 枫	华玉柱	崔 武
	王世清	赵国彬	陈 浩	芝 鼻	姜钰茜	全崇聚
	李 侠	宋长津	汪 裴	张家瑞	李 娟	拉巴平措
	宋连鸿	王国成	刘洪涛	安维军	孙成芳	王 震
	唐 飞	李 雪	周丹蕾	郭 明	王毓刚	卢 瑶
	宋 垣	杨 坤	赖晖林	刘小慈	张家瑞	韩 兆
	陈晓辉	鲍 慧	魏 强	付 丽	尹 丛	徐 聪
	主勇刚	傅思国	韩军征	张 铧	张兴亚	周新全
	吴建荣	张 勇	李沁奇	姜秀云	姜德山	姜云超
	姜 忠	姜商波	姜维才	姜耀东	朱明刚	刘绪利

	冯　鹤	冯致远	胡元斌	王金锋	李丹丹	李姗姗
	李　奎	李　勇	方士华	方士娟	刘干才	魏光朴
	曾　朝	叶浦芳	马　蓓	杨玲玲	吴静娜	边艳艳
	德海燕	高凤东	马　良	文　夫	华　斌	梅昌娅
	朱志钢	刘文英	肖云太	谢登华	文海模	文杰林
	王　龙	王明哲	王海林	台运真	李正平	江　鹏
	郭艳红	高立来	冯化志	冯化太	危金发	仇　双
	周建强	陈丽华	叶乃章	何水明	廖新亮	孙常福
	李丽红	尹丽华	刘　军	熊　伟	张胜利	周宝良
	高延峰	杨新誉	张　林	魏　威	王　嘉	陈　明
总编辑	马康强	张广玲	刘　斌	周兴艳	段欣宇	张兰爽

总　序

　　我们每个人心中都有自己崇拜的名人。这样可以增强我们的自信心和自我认同感，有益于人格的健康发展。名人活在我们的心里，尽管他们生活在不同的时代、不同的国度、说着不同的语言，却伴随着我们的精神世界，遥远而又亲近。

　　名人是充满力量的榜样，特别是当我们平庸或颓废时，他们的言行就像一触即发的火药，每一次炸响都会让我们卑微的灵魂在粉碎中重生。

　　名人带给我们更多的是狂喜。当我们迷惘或无助时，他们的高贵品格就如同飘动在高处的旗帜，每次招展都会令我们幡然醒悟，从而畅快淋漓地感受生命的真谛。只要我们把他们视为精神引领者和行为楷模，就会不由自主地追随他们，并深刻感受到精神的强烈震撼。

　　当我们用最诚挚的心灵和热情追随名人的足迹，就是选择了一个自我提升的最佳途径，并将提升的空间拓展开来。追随意味着发现，发现名人的博大精深，发现时代赋予我们的使命，发现最真实的自我；追随意味着提升，置身于名人精神的荫蔽之下，我们就像藤蔓一般沿着名人硕大粗壮的树干攀援上升，这将极大地缩短我们在黑暗中探索的时间，从而踏上光明的坦途。

不要说这是个崇尚独立思考的年代，如果我们缺乏敬畏精神，那么只能让个性与自由的理念艰难地生长；不要说这是个无法造就伟人的年代，生命价值并不在于平凡或伟大。如果在名人的引领下，读懂平凡世界中属于自己的那本书，就能够成为最好的自己。

名人从芸芸众生中脱颖而出，自有许多特别之处。我们追溯名人成长的历程，虽然每位人物的成长背景都各不相同，但或多或少都具有影响他们人生的重要事件，成为他们人生发展的重要契机，并获得人生的成功。

名人有成功的契机，但他们并非完全靠幸运和机会。机遇只给有准备的人，这是永远的真理。因此，我们不要抱怨没有幸运和机遇，不要怨天尤人，我们要做好思想准备，开始人生的真正行动。这样，才会获得人生的灵感和成功的契机。

我们说的名人当然是指对世界和人类做出突出贡献的伟大人物，他们包括著名的政治家、军事家、发明家、文学家、艺术家、思想家、哲学家、企业家等。滚滚历史长河，阵阵涛声如号，是他们，屹立潮头，掀起时代前进的浪花，浓墨重彩地描绘着人类的文明和无限的未来，不断开创着辉煌的新境界和新梦想，带领我们走向美好的明天。

政治家是指那些在长期政治实践中涌现出来的具有一定政治远见和政治才干、掌握权力，并对社会发展起着重大影响作用的领导人物。军事家是指对军事活动实施正确指引或是擅长具体负责军事行动实施的人，一般包括战略军事家和战术军事家。

政治家、军事家大多充满了文韬武略，能够运筹帷幄，曾经叱咤风云，纵横天地，创造着世界，书写着历史，不断谱写着人类的辉煌篇章，为人们留下了许多宝贵的精神财富和物质财富。

科学发明家是指专门从事科学研究和发明，并做出了杰出贡献的人士。他们从事着探索未知、发现真相、追求真理、改造世界和造福人类的大学问。他们都有献身、求实、严谨和持之以恒的精神，都具有一颗好奇心。从好奇心出发，他们希望探知事物规律，具有希望看到事物本质一面的强烈意识与探索激情。还有就是他们都有恒心，他们在科学研究中不断努力，努力，再努力，锲而不舍，具有永不止步的追求精神。

文学家是指以创作文学作品为自己主要工作的知名人士和学者等。其中，诗人是指诗歌的创作者，小说家指小说创作者，散文家指散文创作者，而文学家则是指在诗歌、小说、散文、戏剧等各种文学体裁领域均取得一定成就的创作者，他们是人类精神财富的创造者。

艺术家是指具有较高审美能力和娴熟创作技巧并从事艺术创作劳动而具有一定成就的艺术工作者。进行艺术作品创作活动的人士，通常指在绘画、表演、雕塑、音乐、书法及舞蹈等艺术领域具有比较高的成就，并具有了一定美学造诣的人。他们是生活中美的发现者和创造者，极大地丰富着我们的生活。

哲学家、思想家是指对客观现实的认识具有独创见解并能自成体系的人士。思想主要是用言语和符号来表达的，而致力于研究思想并且形成思想体系的人就是哲学家、思想家。他们用独到的思想解决生活中遇到的问题，且在此过程中逐渐认识自我与宇宙，以此解决人们思想认识上矛盾迷惑的问题。他们是我们人类灵魂的工程师，塑造着我们的人格，探讨所有人类重要的问题和观念，并创造出一种思考和思想的能力，闪烁着智慧的光芒，照耀着人类前进的步伐，推动着人类思想和精神不断升华，使人类不断摆脱低级状态，不断走向更高境界。人是有思想和精神的高级动物，因此，哲学家和思想家是人类不可或缺的，是我们人类的伟大导师。

企业管理家是最直接创造财富的人。他们创造物质财富，推动社会不断进步，使得人们更加幸福。财富虽然只是一个象征，但它与人们的生活、国家的发展、民族的强盛等息息相关。企业家也创造巨大的精神财富，他们在追求财富过程中所表现出来的创新、冒险、合作、敬业、学习、执著、诚信和服务等精神，是我们每一个人学习的榜样。

我们追踪这些名人成长发展过程中的主要事件，就会发现他们在做好准备进行人生不懈追求的进程中，能够从日常司空见惯的普通小事上，碰撞出思想的火花，化渺小为伟大，化平凡为神奇，从而获得灵感和启发，获得伟大的精神力量，并进行持久的人生追求，去争取获得巨大的成功。

影响名人成长的事件虽然不一样，但他们在一生之中所表现出来的辛勤奋斗和顽强拼搏的精神，则大同小异。正如爱迪生所说："伟大人物最明显的标志，就是他们拥有坚强的意志，不管环境怎样变化，他们的初衷与希望永远不会有丝毫的改变，他们永远会克服一切障碍，达到他们期望的目的。"

爱默生说："所有伟大人物都是从艰苦中脱颖而出的。"因此，伟大人物的成长也具有其平凡性。正如日本著名歌人吉田兼好所说："天下所有伟大人物，起初都是很幼稚且有严重缺点的，但他们遵守规则，重视规律，不自以为是，因此才成为名家并进而获得人们的崇敬。"所以，名人成长也具有其非凡之处，这才是我们应该学习的地方。

英国著名哲学家培根说："用伟大人物的事迹激励青少年，远胜于一切教育。"为此，本套作品荟萃了古今中外各行各业最具有代表性的名人，阅读这些名人的成长故事，探知他们的人生追求，感悟他们的思想力量，会使我们从中受到启迪和教育，让我们更好地把握人生的关键，让我们的人生更加精彩，生命更有意义。

简　介

　　李时珍（1518~1593），字东璧，号濒湖，蕲州（今湖北省蕲春县蕲州镇瓦硝坝村）人。他出生在一个行医世家，父亲李言闻是当地名医。李时珍继承家学，尤其重视本草，并富有实践精神。

　　当时科举盛行，李时珍13岁中了秀才。但他热爱医药事业，对八股文不感兴趣。因此，考举人3次落榜后，他便放弃了科举入仕的道路，一心做医生。

　　李时珍38岁时，被武昌的楚王召去任王府"奉祠正"，兼管良医所事务。

　　李时珍经过长期的艰苦的实地调查，终于研究清楚了药物的许多疑难问题，并于万历戊寅年（公元1578年）完成了《本草纲目》的编写工作。

　　《本草纲目》全书约有190万字，52卷，载药1892种，新增药物374种，载方10000多个，附图1000多幅，成了我国药物学的空前巨著。

　　李时珍参考历代有关医药及其学术书籍800余种，结合自身经验和调查研究，历时27年编成《本草纲目》一书，是我国明以前药物学的巨著。《本草纲目》问世后，对后世的影响很大。它不仅很快在中国流传开来，还被全部或部分译成日文、英文、德文、法文、拉丁文、俄文等多种文字，在世界上广泛流传。《本草纲目》至今仍是一部有重大学术价值的古代科学文献。

李时珍的《本草纲目》纠正前人错误甚多，在动植物分类学等许多方面有突出成就。不仅如此，它还对生物学、化学、矿物学、地质学、天文学等其他有关学科作出了贡献。达尔文称赞它是"中国古代的百科全书"。除此之外，李时珍还著有《濒湖脉学》《奇经八脉考》等书。

李时珍是世界公认的杰出的自然科学家。李时珍逝世后被安葬在蕲州城东。蕲州一带的历代中医，每年清明都要到其墓地朝拜，许多人常把坟头的青草带回家以消灾灭病。

新中国成立后，为了纪念这位举世闻名的科学家，国家于1954年将其坟墓列为全国重点文物保护单位，蕲春县人民政府则对墓地进行了修缮：墓前另立石碑，上刻郭沫若先生的题词；碑前青石上刻上了著名人物画家蒋兆和所画的李时珍像。1982年，李时珍陵园再次被指定为全国重点文物保护单位。

世界著名科技史学家李约瑟博士说："毫无疑问，明代最伟大的科学成就，是李时珍那部在本草书中登峰造极的著作《本草纲目》。"

"李时珍作为科学家，达到了伽利略、维萨里的科学活动所能达到的最高水平。"

"李时珍编纂的《本草纲目》至今仍然是研究中国文化史、化学史和其他各门科学史的一个取之不尽的知识源泉。"

目　录

出身医生世家	001
从小立志行医	005
热爱自然风光	009
拥有强烈好奇心	015
获取医学启蒙知识	019
在诊室里勤奋读书	024
对四书五经的取舍	032
擅长用药名对对联	035
兄弟比试医术	039
参加科举考中秀才	041
乡试不中屡败屡战	046
不幸患上重病	052
再次名落孙山	057
从科举转向医学	061
认真随父学医	067
十年寒窗读医书	071
为医学苦练内功	075
参与医学实践活动	080
开始单独行医	083
正式行医受欢迎	087

揭露骗子谎言	091
全力治病防疫	094
巧用中医理论	099
千里拜师学艺	101
救死扶伤不忘本	107
巧治贪官怪病	111
神医知人生死	114
惩治贪官污吏	118
决定重修《本草》	122
名声越传越远	131
在楚王府看病	134
三年府医生涯	139
进入太医院任职	144
在王府治怪病	149
研究朝廷医药资料	153
巧计惩罚假太医	158
辞职回到家乡	162
百姓帮忙修本草	167
实地观察蕲蛇	170
浪迹天涯找资料	178
收集药用植物标本	182
看松树辨别茯苓	188
冒险品尝曼陀罗花	191
远涉太和山中	194
最终完成惊世巨著	200
出版《本草纲目》	203
附：年　谱	208

出身医生世家

从武汉沿长江向东200多公里的地方，在江岸东北有一个美丽富饶的小镇，这就是具有悠久历史的湖广黄州府蕲州，即今湖北省蕲春县蕲州镇。

蕲州境内还有许多美丽的湖泊，如马口湖、沿市湖、赤东湖，与雨湖相互连接，港汊交错，形成了富有水乡特色的优美景致。

在蕲州的几个大湖中，以雨湖春景最为著名。

在那蒙蒙的雨湖上空，曾响起过一代又一代走村串户的铃医的铃声；在那青草绿杨的堤岸，不知留下过多少铃医后代子承父业寻方采药的足迹。

在雨湖边的一片碧绿的柳林中，有一座秀丽的小村庄，名叫瓦硝坝。

在这个名叫瓦硝坝的村子里，住着一户李姓的医生世家。父亲李小山是一个远近闻名的铃医，儿子李言闻虚心好学子承父业，将父亲的医术发扬光大，并在当地已经小有名气。

明代正德十三年（公元1518年）春季里的一天，李言闻一大早就匆匆地离开了家门。不过这次与以往不同，他没有像平时那样摇着铃出门,而是手里拿着一个大渔网匆匆离家。他要去做什么呢?可能是打鱼吧!不然拿着渔网能做什么呢?

"看来今天医生这是要打鱼啊,难道说他改行了?"有邻人猜测道。

原来,李言闻之所以今天没外出医病,是因其老婆即将生孩子了。由于家庭收入不好,他只好自己亲自拿网去打点鱼,为的是给怀孕的妻子增补营养。

李言闻并不经常打鱼,也不擅长打鱼,所以他使用渔网也很不熟练。最开始的时候,他连下了几网都是一无所获,一条鱼也没有网上来。他显得很不耐烦。

李言闻决定最后再下一网试试运气。这回可好,当网拉起来的时候沉甸甸的。

他心里高兴极了,心想这次一定是条大鱼。可是谁想到,当他兴冲冲地把渔网拉上来的时候,定睛一看,渔网里面竟然是一块石头。

现在的情况是,李言闻不仅没有打到鱼,而且渔网也被石头刮破了。眼看着天色渐晚,暮色已经笼罩着整个湖面。

他想,再继续这样下去,也许还是两手空空。与其在这硬耗着,还不如赶快回家。他心里万分焦急,他不知道自己的老婆是不是已经生产过了。

想到这里,李言闻便收起已经破了的渔网,匆匆地往家里赶去。正走在路上,迎面遇到了本家的李二叔。只见他左手拿着渔竿,右手提着几条鱼,显然是刚从城那边的湖上回来。

李二叔看了看他湿漉漉的衣服,还有腋下夹着的破渔网和腰上空荡荡的鱼篓,一下子就明白了怎么回事。

"好医生不见得是个好渔翁啊!"

李二叔笑着对李言闻说。

李言闻只好苦笑了一下说：

"是啊，真是惭愧，一条鱼没逮着，还把渔网给弄破了。"

"这样吧，这几条鱼给侄媳妇带回去吧！反正我家里也不缺这几条鱼救急。"

李二叔爽快地说。

"那怎么好啊，二叔也忙了一天了。"李言闻推说道。

"这是什么大事啊，平时不也经常到你那里免费看病吗？快回家看你老婆吧！"

李二叔一边说一边将几条鱼塞在了李言闻的手里。

"那好吧！多谢李二叔！"说着，李言闻接过鱼，一路小跑着往家赶去。

他正准备进家门的时候，正好遇到自己的大儿子李果珍。他慌慌张张地往外跑，一下子和父亲撞了个满怀。

原来，儿子正是要出去找他的。

就在他外出打鱼的时候，他妻子又生了一个儿子。可是令人头疼的是，孩子生下来却不会哭，接生婆见此情景也是束手无策，于是她赶紧让李果珍去找李言闻。

李言闻听儿子这样说着，就快步来到屋里。他见一切都已经收拾好了，孩子就安静地躺在妻子的旁边，妻子因为过于劳累，已经沉沉地睡去了。

李言闻低头看去，发现这个婴儿身体非常瘦弱，皮肤发黄，明显营养不良。

李言闻看了一会儿，又在婴儿的手腕上把了一会儿脉，看了看他的舌苔，然后点了点头。

"李先生，这孩子问题大吗？"接生婆小声说。

"没问题，李婆婆，真是谢谢您了，让你担心。您忙了这一天，这里是几钱银子，婆婆拿去买点果子点心吧！孩子满月的时候，在下再登门拜谢。"

李婆婆道："你真是太客气了！平时你救死扶伤，为我们医病常是分文不取。我只是帮了个小忙，你不必放在心上。"送走了李婆婆，李言闻来到自己的药房里，拿了两包草药，让大儿子李果珍熬草药水，说是准备给小弟弟洗澡用。

然后又用另一包草药，亲自给刚出生的小儿子煎药。不一会儿，洗澡水和药都好了，李言闻开始给小儿子洗澡、吃药。

李言闻首先把放了草药的洗澡水倒进了木盆里，然后，他一只手抱起小儿子，轻轻放到水里，另一只手将洗澡水淋在儿子身上，同时又对小儿子的全身穴位轻轻进行按摩。

大约过了半盏茶的时间，李言闻见婴儿的呼吸明显顺畅多了，便将婴儿抱起，再用软布轻轻擦干。

最后，李言闻让大儿子拿来煎好的药，用一根筷子卷上棉絮，蘸着药水滴进婴儿的嘴里，过一会儿，奇迹发生了，婴儿竟然哇哇地大哭起来，他的哭声把母亲都给吵醒了。妻子连忙问丈夫怎么回事。

李言闻看着妻子说：

"没事，孩子刚尝了点药，正哭呢！"

妻子说："哦，原来这样啊！那你给咱们的小儿子起个名字吧！"

李言闻想了一想说：

"今天打鱼，什么也没有打到，就打到了一块大石头，就叫这个孩子为石珍吧。"

李言闻妻子一听，笑着说：

"石珍？还是叫时珍吧！不取玉石的'石'，应取时辰的'时'，就叫时珍吧！意思是，这个孩子的到来，便会时来运转，极为珍贵。"

这就是李时珍名字的来历。

从小立志行医

李时珍的祖上是摇着铜铃走街串巷的铃医。

铃医摇铃铛就是在告诉病家,医生来看病了,如果有病,赶快出来看病吧!因此铃铛就与医生结合在了一起,有了铃医的名号。

实际上,作为我国医学史上重要一页的铃医医术,在古代有着举足轻重的地位,古代的扁鹊、华佗等名医都是铃医。

古代医生地位低下,何况是铃医,更是得不到社会的尊重。李时珍的祖父李小山就是这样一位地位低下的乡医。

李时珍的祖父曾经整天背着药箱,手里摇着串铃,走村过户地为贫苦百姓治病。他有着丰富的行医经验,医疗技术也颇高明,但是依然被人们轻蔑地称呼为铃医。

然而社会又不能没有医生,谁也不能保证不生病,所以明朝政府对行医的有个规定:凡是医户人家,必须有一个儿子继承父业。

其实政府也害怕因为"子不承父业"而断了医道,无人再从医。在这种世风影响下,李时珍家也只能世代医道相传了。

虽然李家世代行医，但并没有多大名气，祖父在李时珍很小的时候就去世了。

李时珍的祖父攒下了点钱，于是供李时珍的父亲李言闻读书，他小的时候读过不少诗书，是一个颇有学问的秀才。

李言闻曾满怀希望地参加了几次乡试，可是始终没有中举。便只好弃儒从医，继承祖业。

虽然心中永远铭刻着"学而优则仕"及"万般皆下品，唯有读书高"的传统观念，但由于榜上无名的失意，他不得不以医为业。

因为李言闻有"秀才"的头衔，所以人们勉强地称他为"儒医"，比起"铃医"的身份来要略高一些。

李言闻饱读医书，因此医术大有长进，加之医德高尚，成了当时蕲州一带有名的医生。

有了名气，李言闻就不必再去走乡串村看病了，因为每天来家里的病人就够他忙的了。

尽管找李言闻看病的人很多，但大都是生活极其艰难的人，他们来找李言闻看病时，有时只是随身带来一些粮食、瓜菜、鸡蛋等，有时甚至什么东西也没有就来看病。

李言闻为人厚道，贫苦的人来找他看病，有钱的可以看，没有钱也同样给治。

全家人的生活，都落在李言闻一个人的身上，仅靠给乡亲们治病并不能维持生活，有时也只能自己下湖去打鱼。

蕲州城内，有顾、郝、冯、李四大名门，都是靠入学中举的途径跻身于官场之中的。李言闻虽博通经史，但考场失利使他遗憾终生。

当李言闻小有名气后，得以经常出入于蕲州城的四大名门家中，并和顾家建立了较亲密的关系。

李言闻越是经常出入于这些靠科举发达的世家名门，越是觉得无法以当一名儒医为满足。

这种情况下，李言闻根本不会想到教儿子学医，李时珍只能和当时的千千万万个孩子一样，被父亲早早送进顾家私塾，读起了四书五经，练习作八股文。李时珍勤奋好学，渐渐显露出聪明才智。

热心仕途而仕途失意，精通医术而鄙弃医业，李言闻只好把光耀门庭的希望寄托在儿子李时珍的身上。

李时珍的母亲张氏，是一个贤惠的家庭妇女，由于身体虚弱，生了李时珍以后不久就病倒了。

幼年时期的李时珍身体瘦弱，经常咳嗽发烧，他深深体会到生病的痛苦，立志长大后做一个像父亲那样医术高明、医德高尚、为人解除痛苦的医生。

李时珍才5岁的时候，父亲就准备把自己对儿子未来的打算告诉儿子了。

一天，李言闻把李时珍叫到跟前，告诉他说：医生这个行业虽然可供温饱，但是社会地位不高。

李言闻还谈道，李家从他起，为了摆脱低下的社会地位，上学读书全力奋斗，想改变门庭，只是科举考试连连失败，才弃儒从医。

李家从李言闻开始由铃医晋升为坐堂医生，虽高了一等，还是不能与读书人家相比。

同时，李言闻还说出了对自己儿子的期望，他希望李时珍将来能够求取功名、光宗耀祖。

为了让李时珍立志奋发读书，李言闻给他讲了古代有名的神医扁鹊的遭遇。

一个医生，要是没有社会地位，医术再高也没有用。要想不被人看不起，必须进入仕途。

这些道理，李时珍似懂非懂，不过他相信父亲的话没有错，决心发奋读书，不辜负父亲的期望。

同时，名医治病救人的故事，也让李时珍终生难忘。他感到这些神医的行为非常值得尊敬，他们的品格都非常高尚。

热爱自然风光

大自然是万物之母,投身大自然,就像回到母亲的怀抱。每一个生活在大自然中的人,须臾都不能与其分开。

李时珍从小就与大自然为伴,他与大自然融为一体,感受到了接近自然的乐趣。

俗话说:"近朱者赤,近墨者黑。"生活在医生家庭的孩子,经常接触的就是疾病、医治、抢救、采药、制药一类的事。

而且李时珍还从小听了许多名医的故事,如扁鹊、华佗、张仲景、孙思邈等,他们治病救人的故事,都给李时珍留下了深刻印象。

特别是扁鹊见蔡桓公的故事,李时珍听了不知有多少遍了,还是经常要求父亲讲给自己听。

李时珍从小就受这种环境的影响,而且他常跟父亲、哥哥一起去附近的山上采药。

有时,好奇的李时珍还跟着父亲去病人家看如何出诊。家中来了病人,小时珍经常不言不语,站在一边观看,而且很有耐心,一直看到病人千恩万谢地离去。

耳濡目染,李时珍从小就认识了不少药物,见过不少病人,了解了不少病况，长了不少知识。

天长日久，无形中李时珍就对医学、药物学产生了浓厚的兴趣。

虽然父亲让时珍苦读圣贤书，但时珍幼小的心，却向往着大自然。那里有草药，有儿童的乐土和天地。

李家的后院是小时珍常去的地方，院里种满了各种各样的中草药，更有趣的是还有许多小动物。

李言闻是个懂药草的医生，他常常喜欢收集一些药草来作研究。有些可以种在地上的，他就种在地上；有些可以盆栽的，他就一盆一盆地栽起来。

所以，这个小小的庭园里，差不多一年四季都开满了花。

李时珍的父亲每天都要出去看病，母亲又忙着料理家务，没有时间去多照料他。可是，李时珍在后院里，总是玩得很高兴，他一点也不感到寂寞。

李时珍的母亲有时丢下手里的活儿，到后院里来收拾东西，会顺便陪伴他玩一会儿。

这时候，李时珍就感到格外高兴。母亲在前面浇花，他就跟在母亲后面浇。浇一种花，小时珍就问一种："妈妈，这种是什么啊？"

母亲温柔地答道："这是牵牛花。"

"牵牛花。"李时珍记住了一种花的名字。

后院里发生的一切事情，都使他产生很大的兴趣。他不时地隔着窗子向母亲报告新发现的情况。

有时，李时珍向妈妈喊道："那大白母鸡又来啄鸡冠花了。"有时他向妈妈喊道："那蔷薇花上又有黑蚂蚁了。"

母亲为了鼓励他多留在园里玩耍，总是用温柔的声音回答着："嗯，还有什么呀？"

这时，李时珍又会认真地寻找起自己没有见过的东西来，有时他在墙根下、砖缝里、树皮上常会碰到各种小昆虫，有土狗、促织，还有蜈蚣呢！

有时，父亲从外边回来，李时珍听见父亲一路上大声呼唤："时珍，时珍，把小铁铲拿来！"

李时珍一听就知道，父亲又采了一些东西回来要栽种，一个有趣的活儿马上要开始了。他欢呼一声，抢着把栽花用的工具，都给父亲拿过去，一面蹲在地上问："爸爸，这是我们家里有的吗？"

李时珍的父亲有时点头，有时摇头。如果父亲摇头，李时珍就知道这是位新来的"客人"，对它就加倍地关切起来。

有一次，李时珍见到了一种新的中草药，他没有见过，就一天几次地跑到花盆旁边，耐心地看着它抽条、出芽、开花。

当李时珍看到，这株植物开出他从来没有见过的小方块形大蓝花时，非常高兴，发出兴奋的欢呼声。

"开花喽！开花喽！爸爸的花开喽！"李时珍欢快的叫声传遍了他家小小的后院。

李言闻见儿子这样喜欢花草，也非常高兴，同时，他觉得，认识花草植物，是人人都应该懂的常识，是应该多让孩子知道的。

所以，李言闻不但乐意回答儿子提出的每一个问题，有时还把哪些花草是药草以及药草的作用，也讲一些给他听。

这样，李时珍在很小的时候，不但认识了许多花草，并且也懂得了这样的道理：世上有许多花草，都是可以作药用的，是很有用处的。

于是，小时珍对花草的兴趣，就越来越浓厚了。

李时珍渐渐长大了，身体也渐渐地好了起来。李言闻常常带他出去，有时到附近的山里去采药草，也把他带去，让他看看草木的生长情况，还让他知道这药草是怎么来的。

这时，除了小小的庭院，李时珍有了更广阔的天地，那就是蕲州一带的山山水水。

蕲州是一个极为富庶的地方，附近有许多山，凤凰山、麒麟山，稍远一点还有大泉山、龙盘山。山上山下，一片郁郁葱葱，到处是苍松翠柏、奇花异草，还有不少飞禽走兽。

孕育着中华灿烂文化的长江离蕲州不远，蕲水就是它的支流之一，蕲州附近还有很多小河，如刘河、治家河、蔡家河、鸡鸣河等。河的两岸，垂柳摇曳，桃花映红，绿草如茵，野花遍地，莺歌燕舞，蜂逐蝶飞，美不胜收，好不热闹！

蕲州还有许多湖泊，湖边，绿树成荫，芦苇丛生，水鸟繁多，鱼虾成群。

大自然中的一切一切，都是少年时的李时珍非常喜欢的广大课堂。

李时珍常同小朋友们一起"游山玩水"。有时他们登上凤凰山，爬树摘点野果尝尝鲜。有时他们攀越麒麟山，采些野花野草，捉些小虫小鸟。

有时，小伙伴们还相互考一考：

"这是什么花？"

"鼓子花！"

"这是什么草？"

"这是仙人草！"

"这是什么虫？"

"小蜈蚣。"

"不对，不对！"李时珍争辩说，"这虽然看起来像蜈蚣，却不是蜈蚣，它是马陆！"

在这种时候，往往李时珍答得最多，说得最准。因为他有很多机会去认识世界，有父亲，还有哥哥做自己的指导教师，还有《尔雅》一书做助手。

由于经常同父亲一起采药，李时珍知道北门外灌木生长最旺的原野里草药最多，所以那里就成了他常跑的地方了。

李时珍常常带着小朋友，在北门道上采野花玩。他骄傲地把从父亲那里得来的知识，一点点地讲给小朋友们听。

李时珍告诉小伙伴们，这叫什么，那叫什么，什么是能吃的，什么是不能吃的，什么能治病。

有时，李时珍还带着小朋友们到田野里，去寻找青蒿子，寻找那吃起来有点咸味的滴滴金。

李时珍回家时，手里总少不了一把花草。有时他回家晚了，受到母亲的责备，这时候父亲常常来给他解围。

这位勤劳的医生，看见儿子挨骂之后，垂头丧气地站在那里，心里有些不忍，于是就想办法让他高兴起来，他伸出手来说："来，把你今天弄到的宝贝拿来让我瞧瞧。"

然后，李言闻接过儿子递上来的一把花草，轻轻地咳嗽一声，故意装出一种严肃的神情。

"今天我倒要考考你，答得不对，明天可不准出去了。"接着，李言闻就抽出一棵花草问起来。

"说说看，这6个片的小红花叫什么？"

李时珍答对了，他就笑着点一下头。有时，李时珍回答不出来了，就一下趴在父亲身上，央求地说："爹，你还没有对我说过它叫什么名字，你说这是什么啊？"

这时，李言闻总是非常耐心地指出这种植物的一些特点，然后把这个花或草的名字说出来。

　　这时候,李时珍又会接着提出下面的问题:"爸爸,它是药草吗?"

　　有时,李时珍的父亲点一下头。这时,李时珍马上会扭过身子,对这棵花草反复地看,一面喃喃地念着它的名字,一遍又一遍。

　　一种新知识的增加,使这个孩子感受到无穷的快乐。

拥有强烈好奇心

除了上山，去田野里玩，李时珍还喜欢和小伙伴们一起到水上玩，那里又是另一种乐趣。

离李时珍家住的瓦硝坝不远，就是有名的雨湖，湖面约有20多里宽。湖北岸住着百十来户人家，都是靠打鱼为生的。

李时珍和小伙伴们常常到湖边去走动，这里的渔民，他几乎个个都认识。这个孩子有个脾气，就是见到了什么都要问，而且是打破沙锅问到底。

"老伯伯，你这个叉子是叉白鱼的吗？"

正在修理鱼叉的老渔民回答道："不，白鱼我们要用网来打，这是用来叉大鱼的。"

李时珍从地上拿起一根鱼叉，想试一试，可是不知道怎么个使法。

旁边一个渔童，一把把叉子夺了回来。"你不行，瞧我的。"那个渔童举起叉来，就像点篙一样，向泥里一点，又很快地缩回来，姿态十分优美。

那渔童得意地笑着说："叉大鱼不算本事，还要会叉鲢鱼。"

说着,那个渔童跑到鱼缸旁边,轻轻一点,就把一条正在游走着的鲢鱼叉了起来。

李时珍在一旁看得高兴极了。

有时,老渔民还跟他讲起在湖里打白鱼的故事。他说打白鱼要合帮,要几十条船一起出去,因为网很长,要很多人才拉得动。

每逢渔季到来的时候,天还没有大亮,湖边就响起了喧哗声。李时珍有时被吵醒了,就很兴奋地对母亲说:"妈妈,他们又去打白鱼了。"

李时珍说话时的神气,就像是一个打鱼的行家,往往把母亲逗得笑了起来。

很长时间以来,李时珍就一直想跟着渔民们出去打白鱼。他想象着,在清晨的大雾中,几十条船冲向湖里,直向无边无际的湖里驶去。

一会儿,他们拉开网,把成千条的白鱼兜进网来。这是多么有趣的生活啊!李时珍一想到这里,心就怦怦地直跳。

可是,打白鱼的船队往往要行驶到很远的地方,他的母亲是不允许他去的。李时珍母亲只允许他搭搭小渔船,到近处转一转。不过,这样李时珍也感到很快活。

李时珍本来是个喜欢不停地问这问那的孩子,船一离岸,他看到什么东西都感觉很新鲜。

渔民们很疼爱这个天真活泼的孩子,很耐心地回答他的提问。

渔夫把渔网撒向水面,然后渔网慢慢地沉下水去。这些活动,李时珍感到非常有趣,他与小伙伴们这时都变得非常安静,生怕惊跑了鱼。

等了好长一段时间，渔夫开始收网了，李时珍也帮忙拉，大家七手八脚，终于拉上了网，网里面好多鱼啊！有大有小，还有各种颜色，各种形状的，小伙伴们真高兴啊！

李时珍这时又有问题了，他一边帮忙，一边问。

"这是什么鱼？"

"鲫鱼。"

"那是什么鱼？"

"石斑鱼。"

"那形如尖刀的是什么鱼？"

"是鲚鱼。因为它狭窄，又长又薄，像尖刀，又叫刀鱼。"

"嘿！像小刀却不能用来切西瓜吧，真有意思。"小伙伴们哈哈大笑。

有时，渔民伯伯也考考李时珍："时珍，你知道鱼也是药吗？"

"是吗？伯伯给讲讲行吗？"

"嗯，好吧！就拿鲤鱼说吧。煮着吃，它可以治咳嗽，可以利小便；用鲤鱼熬粥吃，可以治突然出现的耳聋；用3升醋煮一条大个儿的鲤鱼汁熬干了吃，可以消水肿。"

"哎呀！能治那么多的病呀！"

另一个渔民叔叔插话说："远不止这些呢！听说鲤鱼的血可以治小儿火疮；它的肠，可以治耳朵里钻进去的小虫呢！"

"那，怎么个用法呢？"

"这法子很简单。把鲤鱼的肠子取出来洗净，然后放在火里，烧成灰，涂在耳朵眼附近，小虫子就会自动出来，可神了！"

"太好了！还真是神！回去我把伯伯、叔叔讲的都告诉我父亲，让他多知道点儿！"

"不必，不必！这些都是我们说给你听的，你爸爸早就知道了，他知道的比我们还要多呢!"

说完这些,他们都哈哈大笑起来,李时珍也抿着嘴暗自笑了。

就这样,瓦硝坝附近的青山绿水就成了少年时代的李时珍最好的课堂,这里的劳动人民成了他最好的老师。

这一切,不仅使李时珍热爱大自然、热爱生活、热爱这里的人民,而且使他学到了不少书本上没有的知识,培养了他不断探索求知的良好习惯。

获取医学启蒙知识

李时珍9岁时,开始按照父母的安排,到私塾学习八股文,为日后的科举考试做准备了。

李时珍的父亲医术高明,医德高尚,是蕲州一带非常有名的中医,后来曾经被推举当过太医院医官,虽然官不大,是个正九品,但也算国家认可了他从医的地位。

左邻右舍的人一有不舒服,就来找他看病,每次都是药到病除。由于耳濡目染的关系,李时珍对医学十分入迷。

每天做完功课,李时珍就替父亲抄写药方,有时还跟父亲上山采药,认得了许多医书上记载的和没有记载的药草。

遇到不太了解的,李时珍都一问到底,直到弄懂为止。李言闻却责怪儿子,说要是读经书像这么努力,那就好了。

但是,李言闻仍旧满足了儿子的要求。只是不时提醒儿子,读经书才是他的正业,不要把过多的精力放在医药上面。

为了方便采药,李言闻在自己的后院种植了许多草药。在父亲的精心培植下,这里成了一个小小的药圃。

平时,李言闻除了给人看病以外,他就细心养殖草药。一会儿浇水，一会儿锄草，一会儿施肥。

这样，不但可以提高自己的医学水平，还能节省开支，不用什么药都到药店采购。同时，这也是一种养生的好方法。

李时珍从懂事起，就经常跟父亲到这个小药圃里。当然他主要是感觉好玩，帮不了多少忙，也就是帮助父亲给中草药松松土、浇浇水，这些他都非常喜欢，因为里面经常会蹦出各种小昆虫。

每次来到这个小药圃，李时珍总是喜欢问这问那："父亲，这是啥花呀？"

父亲会耐心地回答："这叫单叶红牡丹，它的根和皮都能入药，能治很多病呢！"

于是李时珍就会接着问："那这药能治什么病呀？"

父亲告诉他："这药能治风寒，能止疼痛；胃肠炽热，心气不足也能治。"

李时珍还会刨根问底："啥叫心气不足啊？"

"你现在还小，过几年再学吧！"

李时珍缠住父亲不放，非要知道不可，父亲只好把具有药用价值的花、草的名字、药性、用途一一讲给他听。

李时珍的父亲对医学有很深的造诣，他著有医书《四诊发明》，还有药书《人参传》《蕲艾传》等。

父亲对研究药草具有浓厚兴趣，李时珍深受其影响，所以李时珍经常捧着父亲写的《蕲艾传》，在家里后院的小药圃中看个没完。

一天，李时珍蹲在药圃的一个角落里，专心地研究栽在墙角的蕲艾。他手捧父亲写的《蕲艾传》，对照药圃中的实物仔细观察。

父亲著的书上对蕲艾的描述既准确又细致，与实物丝毫不差。李时珍心里想：自己以后做学问，也应该向父亲学习，一丝不苟。

由于父亲的著作中记述得十分详尽，李时珍越看兴趣越浓，决定采一篮艾叶回去炮制。

很快，李时珍便采满一篮艾叶，忽然，脚底滑溜溜的，紧接着一条白花蛇突然从蕲艾丛中探出头来，李时珍惊得尖叫起来。

正在危急之时，父亲突然出现在李时珍身边，只见他从地上抓了一把泥沙，往白蛇身上一撒，那蛇立即瘫了下去，摆成之字形。

接着父亲扬起药锄，一锄头就把蛇头斩了下来。蛇身在地上扭动了一会儿，便再也不动了。

父子俩都松了一口气。

李言闻拽着死蛇说："这就是我常和你说的蕲州白花蛇。蕲蛇是我们蕲州的特产之一，与新艾、蕲龟、蕲竹齐名。

"由于当今皇上患有风湿病，指定要蕲蛇治疗。官府为了讨好皇上，命令百姓大量捕蛇，蕲蛇被捕得越来越少了，如今要找到一条蕲蛇都很困难。

"为了向官府交蛇，老百姓苦不堪言，编了首民歌诉苦：'白花蛇，谁叫你能辟风邪！上司索你急如火，州中大夫只逼我，一时不得皮肉破，积骨如巴陵，杀尔种族绝，白花不生祸始灭。'

"蕲蛇如今稀罕得成了宝了，现在我正好用它来制造咱们家传的白花蛇酒。这种酒可以治中风伤湿、半身不遂、口目歪斜、骨节疼痛以及陈旧性的疥癣、恶疮、风瘫等。"

说着，李言闻从李时珍手里接过白花蛇，用钉子将蛇身钉在木板上，用小刀截掉尾巴，小心地剥掉蛇皮，剔去蛇骨。

然后，李言闻用药锄挖了一个坑，将蛇皮、蛇骨、蛇头和蛇尾放进坑中。

李言闻还指着蛇头对李时珍说："你看，这条蛇的眼睛还睁着呢。蛇死后一般眼睛都是闭着的，唯有蕲州白花蛇死后眼睛是睁着的，这是辨别真假蕲蛇的办法。

"蛇头、蛇皮、蛇骨都有剧毒。解剖完蛇后要将它们小心掩埋,以免伤人。捕到的蛇经过处理后,便可以用来炮制白花蛇酒了。来,我把祖传的制作方法教给你。"

父亲提着蛇,李时珍挎着竹篮,一起走进了他们家的药材炮制房。

李时珍从记事起,就跟着父亲在炮制房里学制中药,这一次,他向父亲学习制作祖传白花蛇酒的方法。

父亲将白花蛇放在一个瓷钵内,倒了一瓶糯米酒入内,用手把白花蛇反复用酒洗涤,直到糯米酒把它浸润得透亮,才把它放入一个小细瓷坛中,然后开始配药。

小时珍仔细观察着父亲的一举一动,感到非常有趣!

"你帮我取药,羌活二两,当归二两,天麻二两,秦艽二两,五加皮二两,防风二两。"父亲一边忙活着,一边指挥小时珍帮忙拿药称重量。

小时珍从小就经常帮父亲称药,所以非常熟练,不一会儿,就全部搞定了。

"拿锉刀将药锉成细粉。"父亲说。

"没问题。"小时珍清脆地回答。

很快小时珍就将锉好的药粉递给了父亲,父亲接过来就装进了一个生绢袋中,又用麻绳扎紧封口,放进装有白花蛇的瓷坛中,再倒进一瓶糯米酒,用箬叶密封坛口。

最后,父亲将瓷坛放入一个盛有水的大锅中。

李时珍仔细观看父亲制作的全部过程,并牢记在心里,他觉得炮制药材真是趣味无穷。

先前还是那么可怕的毒蛇,经过加工炮制,几天以后就成了药效显著的药酒,简直不可思议。

趁着兴致，李时珍就在炮制房里用采来的艾叶制药，于是，他又将父亲的《蕲艾传》看了一遍，默记下制药的方法。

然后，李时珍将艾叶扬去尘埃、残屑，放进一个大石臼中，用一根木质捣杆捣碎，捣成艾茸后，去掉渣滓，再把剩下的白色艾叶捣碎揉烂，直到像一团棉花为止。

捣好艾叶，李时珍找来硫黄末，加入艾叶中拌匀，然后，将艾叶、硫黄糊制成细条，装在一个簸箕中，拿到屋外放在屋檐下阴干，常用的硫黄艾便制成了。

从这以后，李时珍常到炮制房，帮助父亲炮制各种药材。为了不影响学业，他还把书带进炮制房，一面看书，一面学制药。

童年时代的李时珍，从采药、制药中，既感到制药的艰辛，又体会到制药的乐趣。

父亲的一言一行，默默地影响着他，李时珍对祖国医学的知识是从父亲教导，阅读父亲写的书开始的。

父亲写的《蕲艾传》，不仅使李时珍了解了家乡的特产蕲艾，还知道了家乡所产的蕲蛇、蕲龟、蕲竹等药材都是闻名天下的。

尤其是父亲严谨的治学精神和实事求是的作风，潜移默化地影响着李时珍。

后来，李时珍在编著伟大的药物学著作《本草纲目》时，常常引用父亲写的书、父亲说的话。

李时珍编著的《濒湖脉学》也是在他父亲的著作上"选精择华"融汇己见而成的。李时珍的另一部著作《蕲蛇传》也是受父亲《蕲艾传》的影响，从而得到启迪撰著的。

父亲，成了李时珍走上医学道路的第一个启蒙老师。

在诊室里勤奋读书

李时珍自从懂事后,就经常到父亲的诊所里,所谓的诊所,其实就是租借玄妙观里的一间小房子,就在李时珍家隔壁。

李言闻在那里坐堂行医后,不久就把儿子带到诊室里,这样一方面可以照看孩子;另一方面还能利用空闲,亲自教他读书。

李时珍读书的桌子,就在父亲看病的桌子旁边,是父亲专门给他布置的。

李时珍跟父亲读了好几年书,他所受到的教育,并不完全是从书本里得来的,很多都是从他父亲看病的桌子旁边看到的。

李言闻是一个关心劳动人民病痛的好医生,他给人看病,从不计较诊费。

那时,人民生活很苦,穷人平时弄口饭吃,都非常艰难,遇到生病,那就更没法子了。

官家在城里开了个惠民药局,说是给人看病不要钱,其实只是摆摆样子,里面没有人专门负责,10天就有七八天关门。而且里面的医生几乎根本就不会看病,他们只不过是通过关系,占了个位置,来吸老百姓血汗的家伙。

一般穷人生病了，根本不会到那里去看，自然而然地就找李言闻这样的医生了。

这些穷苦的病人，手里没有银子，也不会像富人高官那样，身体娇贵，一有点小病，就遍请名医。他们平时是很少看病的，能自己扛的话就扛过去了。

正是这样，老百姓在不得已看病时，一般得的都是极严重的病，他们有的被背来，有的被抬来，神情都很愁苦焦急。

李言闻接待这些穷苦的病人时，总是非常和气。

病人们看到医生这样和蔼可亲，马上就又增添了许多勇气，本来忧愁的脸儿，露出了笑容。本来急躁的心情，安静了下来。

病人们把自己的痛苦，一桩桩地讲给医生听，这个说："李大夫啊，我昨天吐了一夜。"

那个说："李大夫，我的胸口胀得发慌。"

还有的说："大夫啊，快救救我吧，我头疼得快不行了。"

李言闻总是微笑着替他们诊脉，并且非常和气地询问他们的一些情况，还耐心地回答病人们提出的问题，安慰他们。

这些穷苦病人，在看了病告辞的时候，脸上都露出了十分不好意思和难过的神色。

他们知道，这位李大夫生活并不宽裕，就靠几个诊费养家糊口，而他们又拿不出多少钱来。

每当病人走光了，李时珍偷眼看着父亲，见父亲拉开抽屉，看一天有多少收入，总要微微叹口气。

这时，李时珍心里明白，今天的收入很少。父亲总是很忙，但收入总是很少，这甚至让李时珍有点替父亲难过。

可是，李时珍往往看到，父亲叹了一口气之后，马上又恢复原来的高兴的神情，似乎他并不认为收入少是多么难过的事情，于是李时珍也高兴了。

他觉得这时候的父亲，比其他任何时候都快活，可能是父亲觉得给乡亲们办了一件好事的缘故吧。

李时珍自己平时到城里城外去走动，也总感到人们对他很热情。他爬到渔船上去摆弄渔网，或者在人家的菜园子里跑来跑去，人家都不讨厌他。

有时，遇到有不相识的人打听他是谁家的孩子，立刻就有人用异样的音调说，这是李言闻家的孩子。

这时候，对方也会注意地上下打量着他，好像他是不平常的孩子一样。

这一切，让李时珍渐渐懂得，他这是在分享着父亲的荣誉。

有一天，李时珍和父母在一起吃午饭，母亲端出一碗煮南瓜来。李时珍知道，这个南瓜是早上一个穷苦病人带来，送给父亲的。那个人一直向父亲道歉，表情非常窘迫，看来真的付不起医药费。

"好吃、好吃，这是一个老南瓜。"李言闻吃着，连连称赞。

李时珍的母亲，因为李言闻平日不计较诊费，把家里的生活弄得很艰难，有点不高兴。

她的脾气虽然温和，这时却忍耐不下去了，就随口数落李时珍的父亲说："好吃你就多吃一点吧，没见像你这样做医生的，看病不要钱，拿一个南瓜就算了。"

李言闻微微一笑，也不分辩什么。

这时李时珍突然站起来，对母亲说："不，妈妈！这里街坊上的穷苦人，都说爸爸是好人。"

"用你说，难道我不知道？"母亲说了这么一句，就坐下来吃饭，不开口了。

李时珍又走向父亲，绷着小脸，说："爸爸，我要像你一样！"

李言闻笑着问："同我一样？"

接着，他又伸出两个指头，作出医生诊脉的样子，问李时珍："就是干这个吗？"

李时珍点点头。

李言闻放下筷子，用两手把儿子拉到身边，望了他一眼，摇了摇头，说："时珍，现在这个世道，做医生是很苦的，有身份的人谁也不肯干这一行。"

说着，李言闻还不由自主地叹了口气说："孩子，你还太小，不知道这个社会啊！"

这时，李言闻看见儿子的脸上，流露着倔犟的神情，于是用温和的声音对儿子说："你要听爸爸的话，好好地念书。等你长大了，爸爸送你去参加考试，这医生不是你干的。"

李时珍难过地低下了头，他不知道该怎么向父亲辩解才好。可是，他那头脑里却有了一个坚定的信念。

李时珍咬紧牙齿，在心中暗暗说道："不！不！不！我一定要做个医生，一定要和爸爸一样！"

李言闻很重视对儿子的教育，他的教育方式也很有意思。李时珍从小喜欢研究花草鸟虫，于是，他除了教儿子读经书，还教儿子读一些古代博物学性质的书。

遇到一些花鸟草虫的古名，李言闻怕儿子记不住，就用当时通行的名字反复地给他讲。

讲到蝉时，他对李时珍说："这就是蝉，我们这里叫作知了。你看它的样子，非常容易认识。"

看到贝母草，李言闻就指着贝母草对儿子讲："这就是贝母草，我们园子里春天开黄花，像两口小钟一样的那个，就是这种草。"

李时珍听得津津有味，常常兴奋地高呼起来说："啊，就是它吗？"于是，他马上就把这一段书读得滚瓜烂熟，并且认真思考。

李言闻用各种各样的办法，培养儿子渴求知识的兴趣，可是从来不敢教他读医书。

李时珍一年一年地长大了，他对医生的工作越来越熟悉，兴趣也越来越大，他看着父亲书架上的许多医书，很想看一看，李时珍几次要求父亲教他，父亲都不答应。

父亲不教，李时珍就打了个自己学的主意。他在诊室里更留心观察父亲给人看病的情形，父亲对病人讲的每一句话，他都认真地听着。

另一方面，李时珍悄悄地拿下父亲书架上的医书，试着读起来，可是父亲发现他在看医书的时候，往往都会收回去，然后给他一本经书。

怎么办呢？

一天夜里，李时珍思来想去，想出了个好主意，他决定趁父亲看不到的时候读医书。

第二天天还没有大亮，李时珍就悄悄地爬起来，夹着几本书，赶到隔壁玄妙观里去。

因为他去得太早了，庙门还关着，李时珍就坐在门槛上读。

"早啊，李相公！"道士打开庙门，看到这个少年已经坐在那里埋头读书了，非常惊奇。

不过，很快，道士们就再也不惊奇了，因为李时珍天天都去得那么早，并且在门前读起了书。他这样坚持学习，从不间断。

有一天，李言闻的诊室里来了个患黄疸病的女人。这个病人已经来过好几次了，换了几次药方，都没有多大效果。

这一天，李言闻给她诊视时，脸上不由地露出了一些不知如何是好的样子。

李时珍在旁边，也默默地思索着。过了一会儿，李时珍突然站起身来，走过去对父亲说："爸爸，你换个矾石方试试怎么样？"

李言闻听了，吃惊地抬起头来，凝视着儿子。

好些时候以来，李言闻已经知道儿子读了不少医书，因为他并没有耽误功课，也就没有去管他。现在，他见李时珍说的意见这么具体、中肯，不由得有些惊异。

这位医生望了望儿子，看见他像一头又怕事又勇敢的小鹿一样，站在旁边，眼睛睁得大大的，心中不免起了一种怜爱的念头。

李言闻的脑子里，忽然想起自己少年时代的情景，那时的他也是对医生的工作充满了兴趣，可是却得到了自己父亲的支持。

李言闻的父亲早年是一个专靠在外边跑码头过活的医生，晚年跑不动了，才在瓦硝坝定居下来。

李言闻的父亲辛苦了大半辈子，虽然没有挣下什么大家业，却从来没有厌倦过自己的职业。

李言闻清晰地记得，父亲常常对他说："我这个做老子的，没有什么好处给你，就只有这点本领，教了你吧。"

他还清楚地记得，自己行医的时候，父亲的神情是多么激动，看看这里，又看看那里，乐呵呵地说："你比我强多了！你比我强多了！我当初行医时，哪有你这样的排场！"

现在，李言闻看着儿子也朗朗地和他大谈起矾石方来，这些往事不禁又一下浮现到脑海里。

现在的李言闻，一方面感到，自己的思想有一些解释不清的矛盾，他还是不太认可儿子学医；另一方面他也深切地感觉到，儿子在医学方面，渐渐成熟了起来，也不好再阻止了。

李言闻又一次望了望儿子的稚气的小脸,一时也不知道说什么才好,只是缓缓点了点头。

李时珍看见父亲的表情虽然有些责备他的意思,却并没有怒意,他的心也就放下了。

以后,李言闻便也常常和李时珍谈谈医学。有时候病人多了,李言闻还把儿子喊过去,叫他坐在一边,嘴里说着方子叫他写,让他多在现场中学学,熟悉熟悉。

李时珍低头写着"陈皮、芍药、白术、熟地"等一连串药名的时候,往往想起了家里的药圃,想起了自己的童年。他觉得跟着父亲读了几年的书,心情没有比这时更愉快的了。

不过,李言闻还是经常这样劝儿子说:"学点医道也没有什么不可以,可是不能为此耽误了功课。"

李时珍知道,父亲还是想让他去参加科举考试,不想让他当医生。父亲为什么不愿意他当医生呢?

这原因,李时珍是明白的,他在诊室里,常常看到这样的情况,一个或两个穿着鲜艳衣服、模样像当差的人,气势汹汹地走了进来,一进门就大呼小叫:"李言闻在不在?我们老爷找他看病。"

这些人,有的自称是下江防道的衙门里来的,有的自称是城里李千户家来的,还有某某举人、某某员外、某某士绅,这些都是平民百姓惹不起的家伙,他们仗着有钱有势,飞扬跋扈。

有时,李言闻因为等他看病的人多,就说等一会儿就过去,这里还有这么多病人在等着呢!

来人一听就不愿意了,马上瞪起眼睛,吼叫了起来:"那可不行!误了老爷的病,你能担当得起吗?"

这时李言闻往往脸色气得煞白,有心发作,但最终还是咽了回去,不得不立即撇下满屋子的病人,无奈地跟着来人走了。

回来时，这位医生往往叹着气对儿子说："有什么办法呢？这年头当医生的，本来就得给他们应差，不去是不行的。"

接着，李言闻又用告诫的口气说："好孩子，你怎么也不要走到这条路上来。你要好好读书，参加考试，取得功名，振兴家业。"

李时珍看到当地的官僚、士绅这样欺侮父亲，非常气愤，再听父亲这么一说，心里更加难过。

不过，李时珍并不同意父亲对于医生这种职业的自卑看法，他从小就感觉到，这里街坊邻居是很尊敬父亲的。从大家对他父亲信赖的神色，李时珍看到了做医生的意义。

对四书五经的取舍

李言闻从一开始就不想让自己的儿子学医，所以，更多的时候，他都在要求儿子读各种经书，好好准备将来的科举考试。

在父亲的严厉督促下，李时珍确实读了许多书。其中被父亲指定的必读书有"四书五经"、《尔雅》《说文解字》等。

"四书"包括《大学》《中庸》《论语》《孟子》，"五经"是指《诗经》《书经》《礼经》《易经》和《春秋》。

"四书五经"是儒家的经典著作，翔实地记载了中华民族思想文化发展史上最活跃时期的政治、军事、外交、文化等各方面的史实资料及影响中国文化几千年的孔孟重要哲学思想。

历代科举选士，试卷命题无他，必出自"四书五经"。明代科举取士也不例外，这就限定了考生必读这些书，否则就别想考中。

这些经书有不少难读懂的地方，所以还必须借助一定的工具书，《尔雅》和《说文解字》就是这样的工具书。

对上述的那些书，李时珍不大喜欢读"四书五经"里那些治国大道理，但却十分喜欢读里面的《诗经》，因为里面有很多鸟兽草木名称，他感觉非常有趣。

《诗经》是我国第一部诗歌总集，收入自西周初年至春秋中叶500多年的诗歌311篇，又称《诗三百》，是一部老少皆宜的名著。李时珍从《诗经》里学到了不少写诗的技巧。

另外，李时珍最喜欢的就是《尔雅》和《说文解字》了。

《尔雅》也是儒家的经典之一，列入十三经之中，它是我国第一部以解释字义、词义为主要内容的书籍，可以说它是我国最早的一部词典。

《说文解字》是中国第一部系统地分析汉字字形和考究字源的字书，也是流传最广的中文工具书。

《说文解字》总结了先秦、两汉文字的成果，它对字义的解释一般保存了最古的含义，对理解古书上的词义更有帮助。

读书，总得疏通文字，读经书，就需借助《尔雅》和《说文解字》了。特别是《尔雅》，直接解释经书的文字就占全书的30%~40%，其余部分，也大部与经书有关。

李时珍读起《尔雅》和《说文解字》来，简直爱不释手，因为它们的内容很广泛。

《尔雅》全书共19篇，包括《释言》《释天》等。释，就是解释。前3篇是对一般词语的解释，后16篇是对各种名词的解释。

读了这部书，李时珍懂得了不少人际的亲属关系，知道了各种建筑的名称，知道了许多常用的生活用具、器物的名称，知道了古代乐器的名称。

同时，李时珍还学到了一些天文、气象、地理、物产的知识，还知道了大量的山丘江河、水渠、花、草、瓜、果以及树木、昆虫、野兽等名称。

这包罗万象的内容，简直太丰富了，太引人入胜了！它真是一部百科全书！

《说文解字》的内容更加丰富，简直把李时珍带到了遥远的古代，许多经书上不明白的地方，通过这些工具书，就非常清晰了。

学了《尔雅》和《说文解字》，李时珍长了许多知识。

看星空，李时珍知道了早晚最亮的星是"晨见东方为启明，昏见西方为太白"。知道了正酉时的是北极星，还知道了彗星和流星。

通过这些工具书，李时珍还知道了《诗经》的代称。音乐方面，他也知道了乐器，唱出音阶，知道这五宗谱出的曲调是"起于人，感于物"。

《尔雅》中解释草、木、虫、鱼等篇的内容，大都跟李时珍的父亲和哥哥平日的采药、行医、救治有关，所以读起来就特别能引起他的关注。

至于《尔雅》的《释鸟》《释兽》篇，正是少年时期的李时珍兴趣所在，他读起来格外兴奋，非常认真。

对这两篇的大多数内容，李时珍不仅读熟了，而且还几乎能背诵下来。

在当时，除了《尔雅》《说文解字》，李时珍还特别爱看《竹谱》《菊谱》这类有关动物、植物的书。

读《竹谱》时，他好像置身于青青的翠竹林里，观赏着竹叶滴翠，呼吸着那沁人心脾的、清新的竹香。

翻阅《菊谱》，他仿佛醉倒在百菊园中，欣赏着千姿百态、五颜六色的菊花，吮吸着菊花的汁液。

一个热爱大自然的人，在书籍的海洋里，找到了自己的乐趣，他感悟到了人生的无限美好！

擅长用药名对对联

　　李时珍自幼聪颖，对对联是他的拿手好戏。他识字很早，还没上学就跟着父亲认熟了好多字。

　　李时珍刚入学时，私塾先生望着被树木环抱的远山，出了上联："远声隔林静。"

　　当时李时珍虽然不到10岁，但已经是个对联高手了，所以他一点也不慌，而是用目光飞快地搜寻着外界，看看有没有能给自己一些启示的东西。

　　这个时候正是一年的大好时节，只见朝霞满天，春光明媚，过往旅客早已登程，大路上人来人往，十分热闹。

　　看到这里，李时珍便脱口对道："明霞对客飞。"

　　这让先生大为吃惊，他没想到李时珍能对上这么好的对联。他认为李时珍是个不可多得的人才，将来一定能成大器，所以加倍关照。

　　当地有位药铺主人，膝下有一个女儿，聪慧而美貌，为了给女儿选择一个才华出众的男子结为伴侣，决定出一个上联，让求亲者对。

　　因为他们家是卖药的，所以就用药名作上联征婚。这个上联是：

"玉叶金花一条根。"

这又要求对仗,又要求是药名,可难坏了许多求婚者,他们只能是望联兴叹。

其中有一位姓马的青年,他为人忠厚,只是略欠文采。这个人求婚心切,就找到了李时珍,让他务必帮忙。

少年李时珍助人为乐,又看这个青年的确是个好小伙,就答应了。只见他略加思索,就脱口而出:"冬虫夏草九重皮。"

马公子赶快到了药铺,说出了这个下联,铺主一听,大喜过望,虽然见马公子比较英俊,心里已经有了几分赞许,但他还不放心。

铺主说:"这里还有一个上联:'水莲花半枝莲见花照水莲。'请公子一天对上,你要是能对上,咱们再谈吧!"

马公子怏怏而回,自己在家想了半天,也没有主意,只得再请李时珍帮忙。

李时珍想,好人做到底,既然帮忙了,就再对一次吧。只见他原地转了一圈,眉头一皱,立即对出了下联。下联是:珍珠母一粒珠玉碗捧珍珠。

马公子立即跑到药铺,说出了自己的下联。铺主看后非常高兴,立即对马公子说:"好,不错。我这是通过了,没得说。不过我女儿还有一个上联,也请你再对一下,如果对得出来,她一高兴,咱们这亲事就算定下了!"

"我女儿的这个上联是'白头翁牵牛耕熟地',限半天对出。希望你也能答出来啊!我在这里等你的好消息。"

马公子一看这个上联,比前两次的更难了,知道自己是无论如何也不可能对出来的,也就没回家,径直去找李时珍了。

到了李时珍家,只见他正在药房捣药。李时珍一看他来,就知道是怎么回事,立即就问:"这次是什么上联啊?"

马公子脸一红说："白头翁牵牛耕熟地。小兄弟真是麻烦你了，成了回头一定请你喝喜酒。"

为了成全这桩婚事，李时珍没有推辞，他看着屋里药柜上的各种药名，稍加思索，就对出了下联。下联是：天仙子相思配红娘。

马公子一听，非常高兴，连声道谢，告辞出门。他三步并作两步来到药铺。

铺主正在那里等着马公子呢，一见他满面春风地走进来，就知道他又对出来了。当即让他写出下联，拿到后面，让自己的女儿看。结果当然十分满意，铺主当即答应订婚。

当地郝知府对医药略知一二。一次中秋赏月时，风吹灯笼熄，原来是灯笼破了3个窟窿，便口占上联："灯笼笼灯，纸（枳）壳原来是防风。"

郝知府虽然想出来了这个上联，但却一直续不出下联，最后只好就搁在那了，想等以后有机会再对。

一个偶然的机会，他见到了李时珍，早听说他是个对联高手，就想试一下他能不能对出自己的上联。

李时珍听郝知府说出上联后，低头沉思了一下，就立即有了下联："鼓架架鼓，陈皮不能敲半下（夏）。"

又有一天，郝知府去拜访李时珍。走进院后，看到院子里青竹萧萧，不禁赞叹说："烦暑最宜淡竹叶。"

李时珍随口对道："伤寒尤妙下柴胡。"

郝知府看到几株玫瑰，又不胜感叹说："玫瑰花小，香闻七八九里。"

李时珍立刻笑着答道："梧桐子大，日服五六十丸。"

郝知府是外地人，见李时珍如此投机，非常高兴，一时兴起，就又吟出一联："做官者四海为家不择生地熟地。"

李时珍笑着对出下联："行医人一脉相承岂分桃仁杏仁。"

郝知府拿起李时珍为他开的处方，自言自语说："纸白字黑，酸甜苦辣咸五味皆有。"

李时珍手中毛笔尚未放下，便说："杆硬尖软，采晒炒切炙百合俱全。"

就这样，宾主唱和属对，沉浸在妙思雅兴之中，不觉天色已晚。郝知府起身告辞出门说道："神州到处有亲人，不论生地熟地。"

李时珍笑道："春风来时尽著花，但闻藿香木香。"

李时珍精通医药，并以药草的名字作对联的故事，从此流传民间，许多人都非常喜欢他的这些对联，对他非常钦佩。

兄弟比试医术

还在李时珍少年时代，李言闻就常把两个儿子带到自己充当诊所的玄妙观中，一面行医，一面教儿子读书，不时让孩子们帮助誊抄一下药方。

李时珍耳濡目染，对行医的知识技能越来越熟，兴致也越来越浓，常常偷空放下八股文章，翻开父亲的医书，读得津津有味。

一天，李言闻应病家之邀，带着长子出诊去了，玄妙观中只剩下李时珍一人。

这时，来了两位病人，一个是火眼肿痛，一个是暴泻不止。父亲不在，两个人只好在那等，可李言闻一直不回来。两个人等得很焦急，不停地问李时珍他的父亲什么时间能够回来。

李时珍思索了半响，说道："父亲可能要到晚上才能回来。要不，我先给你们开个方子，试试看能不能治好。不行的话再找我父亲。"

那泻肚子的病人难受极了，迫不及待地说："好，好，郎中的公子开方子还能有错？"

另一个病人也捂着红肿的双眼，连连催促时珍开方。

李时珍便果断地开方取药，打发病人走了。

李言闻回到家中，发现了小儿子开的药方，心一下子提到了嗓子眼儿上，忙问："这是你开的?"

时珍小声回答："是的，不知道对不对?"

然后，李时珍把病人是什么症状，为什么要用这些药，这些药有什么性能等，一股脑儿说了一遍，讲得头头是道。

李言闻一边听，一边不住地点头，这才知道，儿子不仅读了不少医书，还能在治病实践中加以运用，对症下药，确实是块当大夫的材料，心中不觉又惊又喜。

这时，做兄长的果珍在旁边听着弟弟大谈药性，十分羡慕，暗自下决心定要干件漂亮事，让父亲看看谁的医道高明。

事有凑巧，没过几天，又有两个眼痛和痢疾病人前来就诊，而那天正好只有果珍一人在诊所。他一见这两人和弟弟说起过的那两人病情一样，便不假思索，依照弟弟的方子作了处理。

不料，第二天一早，这两个病人就找上门来，说服药后病情反而加重，要李言闻看看是怎么回事。

果珍在一旁不敢隐瞒，只好如实相告。李言闻一听就连呼"错矣"，并立即重新给他们开了药。

果珍还不服气："同样的病，同样的药，为什么弟弟对，我偏错了?"

李言闻答道："有的病症看上去差不多，实质却不一样。"

接着，李言闻把为什么那天时珍要以艾草为主药，而今天这两个病人却应该以黄连为主药的道理讲了一遍，把个果珍说得心服口服。

李言闻总是这样，从医理和病情两方面给孩子们灌输全面的医学知识，使两个儿子都大得裨益，正是从父亲这里，李时珍打下了扎实的中医基础。

参加科举考中秀才

　　李时珍从小就聪颖过人，自他上学以后，仅几年工夫就学会了写诗作文。

　　李言闻看到儿子时珍聪明伶俐，心里非常高兴，便常常将李时珍关在家中，让他读书，以求得学好八股文，将来能够从科举中找到一条生活的出路，来实现自己渴求改变这种下九流社会地位的梦想。

　　少年李时珍按照父亲的意愿，虽然讨厌成天被关在屋里读死书，讲什么"起承转合"，但也不能违抗父亲的意志，他也只好刻苦地埋头攻读沉闷的诗文。

　　明代嘉靖九年（公元1530年），李时珍13岁了。经过几年的私塾学习，他已经刻苦地把课业读熟，并学习写诗，能独立完成八股文了。

　　第二年，蕲州知府周训看中了李时珍，将他选送到黄州去应"童试"。

　　于是，李言闻便带着儿子来到了热闹非凡的黄州府。李时珍根本无暇去观赏府城的秀丽风光，他把全部心思和精力都放在了应试上。

　　当时的童试要考两门，一门是"四书义"，即八股文，一门是

"试帖诗"。李时珍两门考试的成绩都属于优秀，一举考中了秀才。

儿子童试的成功使李言闻心中的希望变得更加强烈：将来儿子参加乡试考中举人，进京再参加会试中进士。这样的话，如果一切都能顺利，一个接一个闪闪发光的灿烂前途，都将属于我的儿子李时珍了。

在我国古代，秀才是科举考中的"生员"的俗称。凡是考中生员的人，便可跨入儒林，在府、州、县学的学生名额中占据一席之地。只有取得生员的资格，才能进一步考举人，进而考中贡生、进士，一步步地登上儒林的高峰。

进士是当时朝廷选拔官吏的首选对象。全省会考中乡试第一名为解元、全国会考中的第一名为会元、殿试中的第一名为状元，这些是我国古代历代文人在各级考试中追猎的目标。特别是状元，一旦考中便会夺魁天下，它称得上是科举中的最高荣誉，更是文人士子们追求的最高目标。

"李时珍中了秀才！"

这一消息在熟识李言闻的人群中争相传颂，秀才当然不算什么了不起的功名，但是却是攻下科举功名的第一道关口。

在古代不知有多少读书人辛辛苦苦攻读诗文，应考多年，有的考到三四十岁，甚至是50多岁了，也还是一个没有考取秀才的童生。

而李时珍这时才年仅13岁。他小小的年纪就考中了秀才，这种情况在当时是极为少见的，对他来说也是相当不容易的。李言闻为此更是喜不自胜。儿子这么早就考中了秀才，看来李家真的要靠他改换门庭、光宗耀祖了。每当想到这，他就喜不自胜。

这时，又有顾家派人来祝贺，李言闻便更觉脸上有光。他的家境虽然并不宽裕，但还是摆了一两桌酒席，请了一些前来道贺的亲友们。

他举办酒席的目的有两个，一是宴请亲朋好友，二是请和李时珍一起考中秀才的同人。在觥筹交错中，气氛显得异常热闹起来。席间，李言闻无意中听到有人在说一个笑话。

笑话讲的是有一个穷人，穷得只剩下一间破房，一张破床，他却成天躺在床上，白日里梦金，黑夜里梦银，梦想着荣华富贵，别人都笑他，他也不以为意。

没想到这一天，银子真的来敲他的门了。

"咚咚咚，咚咚咚。"

"快开门！"

那个穷人问："你是谁？"

银子说："我是银子！我是银子！"

穷人眼珠子转了一下，就重新闭上眼睛躺回床上去了，不开门。别人都为他惋惜。

没想到这一天金子又来敲他的门了。

"咚咚咚，咚咚咚。"

金子说："快开门！"

穷人问："你是谁？"

金子说："我是金子！我是金子！"

穷人眼珠子转了两下，又重新闭上眼躺回床上去了，还是不开门。别人更为他惋惜，也都感到奇怪。

没想到第三次好运又来敲他的门了。

"咚咚咚，咚咚咚。"

好运说："快开门！"

穷人问："你是谁？"

好运说："我是好运！我是好运！"

穷人眼珠子一下瞪圆了，腾地翻身下床，飞奔过去开了门，把好运请进门来。

李言闻并不理会笑话中的戏谑之意，却听出了一股隐隐的凄凉的味道。

李言闻这次请来的有亲友,有李时珍的同人,还有两个和李时珍一同应考的老童生,不过他们都在此次考试中落选了。

这两个老童生都已经是五六十岁的年龄了,他们考了几十年还是连个学都进不了,此时他们和少年李时珍坐在一起,区别自不必说,那种强烈的心理落差就可想而知了。那两个老童生在众人和李时珍面前觉得无地自容。

此时,又有人说闲话,说李言闻是要显摆他儿子。李言闻听了也并没理会。

一番热闹后终于归于清静了,父子二人才得以有空闲坐下来好好地谈一谈。

李言闻详细问了李时珍这次考试的题目,又问到宗师和知府周训对他的嘉许和勉励。

谈话间,李时珍就问父亲:

"今天本是个吉利日子,为什么请来两个背时老朽?惹别人说闲话?"

李言闻就讲了自己听到的那个笑话。

李时珍听完后也觉得好笑。

李言闻说:"这个故事其实说的就是那句俗话:金子来了不开门,银子来了不开门,运气来开都开不赢。"

李时珍说:"爹,你到底想给我说什么呢?"

李言闻说:"今天请来的那两位老先生,读了几十年的书,头发胡子都白了,就因为连个秀才都考不上,别人奉承你,反而瞧不起他们。当真他们的文章学问就不如你一个小孩子?"

"我越想越觉得不是这个道理。我请他们来,是要让你知道,他们恐怕就是运气差才落到今天这个样子,你要学会尊敬他们,并以他们为戒。你要知道运气是靠不住的，好坏都不由人。"

李时珍："孩儿还是有点不明白。"

李言闻："爹要说的很简单：你如果是那个穷人，金子来了你不开门，银子来了你不开门，运气来了你也不要开门。"

李时珍惊讶了："那我要什么时候才开门？"

李言闻："真正的学问本事来了，你才可开门。"

李言闻自己也经历过科场的失意，深知其中的甘苦。他不愿意看到儿子重走自己的老路。假如人今天走了一步好运，难保明天不走一步厄运。因此他希望，儿子还是学到真正的本事为好。

不仅李言闻为李时珍考中秀才而高兴，就连蕲州城的世家大族顾敦，也对李时珍未来的科举道路的成功充满了希望，顾敦还特地邀请李言闻和李时珍去家里做客。

顾敦对李言闻说：

"我看这孩子天庭饱满，相貌非凡。这么小的年纪就中了秀才，将来一定是前程无量啊。"

这位在蕲州老百姓眼中高不可攀的贵人，竟然说自己的儿子有出息，李言闻感到十分欣喜，他连忙说：

"老太爷过奖了，这小子都是托老太爷的福，侥幸中了秀才，今后还望老太爷多多教诲。"

顾敦说："今后李时珍可以随时来我这里，我这里藏书很多，他可以来我这里看书。"

李言闻及时告诫李时珍：

"中了秀才固然可喜，但距离举人、进士的目标还差得很远。"

他要李时珍奋发努力，去参加在武昌举行的3年一届的全省会考。

李时珍知道自己得继续勤奋读书，准备应考两年后的乡试。

乡试不中屡败屡战

　　李言闻在替他掐指算着时间，光阴真像掐指般快，一转眼就到了嘉靖十一年（公元1532年），岁在甲午，正是大比之年。

　　15岁的李时珍兴致勃勃地跟随李言闻，坐船逆江而上，来到省城武昌，参加3年一度的全省乡试。

　　这是李时珍第一次踏上去省城武昌的大路，参加湖北的乡试，他当时简直是踌躇满志。

　　临行前母亲张氏替他收拾行李、准备考试的用具，既不知道他能不能考上，又担忧他第一次出远门，再想起他体质一向较弱，这两年苦读又费心劳神，做母亲的心里真是七上八下。

　　可是李时珍却满不在乎，现在他可以说是信心满满，他感觉自己对于经书的掌握，绝对没有问题了。

　　哥哥李果珍送他上了路，现在就像是他的黄金年代而且是黄金成色最足的时候，他会像考取秀才一样顺利地中举吗？至少他父亲和他一样，坚信这没有问题。

　　这3年来，李时珍勤奋好学，饱读诗书，由于他生性聪慧，记性很好，读书过目不忘，已经把四书五经背得滚瓜烂熟，做起文章来也头头是道，常得到父亲赞许。

父子俩都有必胜信心，举人似乎已是唾手可得。

到武昌府后，李时珍和父亲找到了贡院的号房，这是应试者住宿的地方。安顿好行李后，李时珍与同宿舍的考生谈论起各自的想法。

一个考生说："我来应试，就是为了当官发财。"

另一个说："现在当官的尽是些贪赃枉法之徒，我要是当了大官，就全把他们给免了。"

李时珍不紧不慢地说："当官不为百姓着想，不为民族谋利益，只能为世人所唾弃。考不上举人、进士，当不了官，只要真心诚意为国家、为人民做好事，就会得到百姓的爱戴和拥护。"

乡试开始了，考生接受监考人员检查后，鱼贯入场。李时珍坐在自己的位子上，心头升起一股无名怒火。

李时珍觉得，在入场前搜身检查，入场后大门上锁，这是对自己人格的侮辱，他从心眼里讨厌这种做法。

这一年的乡试共考3场：第一场，四书；第二场，论、判、诏、诰；第三场，经、史。

如果问起李时珍当时考场的感觉，那就是没有感觉。因为他一个劲地埋头答题，几天的考期在不知不觉中就过完了。每天就是休息、备考、考试、睡觉、起床、吃饭，就这样循环往复。

不过，李时珍当时的感觉，那就是充实。他被一种激动的幻觉所统治，他和自己的父亲一样，期待着发榜的那一天！

发榜的日子终于到了，父子俩早早起床，赶到书院的大门外，大门外的广场上早已人山人海。

秀才们和他们的亲属都在这里翘首等待。李时珍怀着忐忑不安的心情，在广场上站着等了一个多时辰，书院的官差才打开大门，将一张张黄榜张贴在大门外的粉墙上。

闹哄哄的广场顿时变得寂静下来，千百双眼睛都在搜寻着自己或亲人的名字。

李时珍踮着脚尖，目光从攒动的人头上扫视过去，只见告示上密密麻麻的黑字。他在黑字中粗略地搜寻了一遍，没有发现自己的名字，心中一阵发紧。

李时珍赶紧又从头到尾、一个名字一个名字地细看起来，还是没有自己的。

李时珍仍然不甘心，又从后面往前仔细地一个字一个字地看，再从前面往后先找到李字，再仔细看李后面的名字，直到看得两眼发花，仍然没有发现自己的名字。

最后李言闻叹着气，硬把他从人堆里拉了出来，他怎么也不相信，怎么会没有自己的名字。

李时珍垂头丧气地跟在父亲身后，回到了客栈。

面对着无精打采的儿子，李言闻强压下自己心头的失望，鼓励儿子道："考举人不是轻而易举的事，有的人考到六七十岁才中举，你还年轻，下次乡试时，也才18岁。我们收拾书籍回家去吧！苦读3年，再来应试！"

话虽这样说，李时珍心情的失落是可想而知的，因为他在这上面付出了太多。无论如何，这都是他人生的第一次重大挫折，对他的一生都会产生重大影响。人生并不是付出就一定会有回报的，自己还要继续努力。

从蕲州城东北麒麟山上儒学的窗里望出去，满山都有蕲州四大特产之一的蕲竹掩映，苍翠扶疏，动人清心。

只有这样偶尔眺望一下，李时珍才可以暂时抛开天天死读的"四书五经"，感受一下万物的勃勃生机，心里似乎也注入了一丝灵气。

李时珍越来越感觉到，自己有一种强烈的与大自然亲近的欲望，但一回头又心如枯槁了。

白天在学堂里问过老师，晚上回到家还要挑灯夜读。一次母亲张氏心疼他看书久了，打发他去雨湖玩了半天，回来就被李言闻罚补了半夜功课。

李时珍告诉父亲，他也并不只是去玩，是想去雨湖帮父亲采蕲艾。因为他看到家里蕲艾泡的酒已经用完了，而昨天正好有位病人上门求医，要用艾叶酒。

李言闻却沉下脸，只说了一句"闲弓莫拉，闲马莫骑，李家不缺又一个学医采药的，你要紧的是读好书应试，不要贵人不做做贱人"。

李时珍这时候真想说：父亲，不是有句话叫"不为良相，便为良医"吗？你半辈子在行医看病，为多少人解除了痛苦，许多乡邻都尊敬你和羡慕你，可你内心深处还是这样看不起自己的职业，难道这真是贱业吗？

现实让李时珍苦闷，天天刻苦攻读让他有些厌倦书本了，有时甚至会有些痛恨。不过，他一会儿就又回到了现实之中，他还要读书，还要通过科举，实现父亲的理想，这也是自己的理想啊！

但是，有时李时珍还是坚持不下去，只好把自己的苦恼偶尔向同学乔生倾诉。这个乔生是蕲州学里一位独特的人物，不过老师们和李言闻都认为他不务正业，因为他好读杂书，一般人都不愿意答理他，也不赞成有前途的李时珍和他来往。

乔生听了李时珍的话，想了想说："令尊望子成龙，天下父母心都一样。其实我也知道举业是正途，只不过成龙上天，成蛇钻草，贡院的龙门太高,多少人跳不过去,死不瞑目。我看来也注定要成为这样一条死不瞑目的鱼。"

李时珍有点好笑,天下的鱼都是死不瞑目的,他劝乔生不要太灰心。

乔生拉他出了学堂,站在麒麟山上,看着山下蕲州城的千家万户。乔生指指身后的学宫、文庙,指指凤凰山南麓的荆宪王府,指指遥远的蕲州卫所和下江防道,再大致点出城中冯、李、顾、郝四大名门所在。

最后,乔生豪情满怀地说:"常言道:修得万世住京城,修得千世住省城,修得百世住县城,前世不修住山林。这里是府、州治,我们虽然没有修得千世,算起来也该修了900多世了。我越来越觉得:功名事业,不是求来的而是修来的,既然是这样,修行之道,又何止在读书一门?

"这城里有藩王,有世家,有达官显贵、富商巨贾,我们难道不可以沾一点他们的仙气,今生就修成正果?听说你父亲常常出入于顾家、郝家,荆王府也请他看过病,我还曾经想到读书不成,就拜他为师学医呢,何必非得在一棵树上吊死?"

一席话听得李时珍有点愕然,过了半天感叹地说:"不在一棵树上吊死,可是,吊死也得找一棵大树啊!"

第二年丁酉乡试,李时珍仍由父亲陪同,再次上武昌参加乡试,这一次又以失败告终。父亲送儿子回家以后,掩饰不住失望的心情,愤愤地离家行医去了。

李时珍再次落第,同时落第的乔生,并没有拜李时珍的父亲为师学医,而是打起行囊离开蕲州,据称游学去了。

按照明朝考试制度,每逢子、午、卯、酉年举行乡试,即每3年举行一次,乡试都在武昌举行。李时珍对八股取士那一套并不感兴趣，他的思想总是同科举考试格格不入，在前两次的乡试中接连失败。

原来，在写八股文时，他提出"做官应以宋朝的包公为榜样"，为人民做事，除霸安良，铲除贪官污吏。

这些主张不为那些考官赞同，不符合封建统治者的要求，考不中是自然的了。

不幸患上重病

　　孤独而苦闷的李时珍，不知哪一天才等到自己的金榜题名时。然而，就在这一年，却先迎来了洞房花烛夜。李时珍的妻子吴氏，温柔善良。

　　婚后的李时珍在贤惠的吴氏陪伴照料下，日子过得像饴糖一样。他的心思渐渐离开了书本，开始喜欢到蕲州药市上逛一逛，他喜欢和天南地北的药商们谈笑，听他们聊山南海北的各种药材。

　　李时珍随手拿起一味药问药商，药商们告诉他这叫蚤休，主治惊痫、癫疾、痈疮，下三虫，去蛇毒，所以有蚤休、螫休等名。

　　另外，蚤休这种药材又俗称"七叶一枝花"。有首歌诀道："七叶一枝花，深山是我家，痈疽如遇着，一似手拈拿。"痈疽之类的毛病遇上了这药，能够很快药到病除，简直像用手就可以拿下来似的。

　　这些都使他感到极大的乐趣。

　　李时珍还和药商们辨别药材真假，常听他们说"黄芩无假，阿魏无真"之类的药谚。这是因为黄芩很容易见到，所以几乎不会有假，而阿魏却不是中国生产，是从外国进口的，就是所谓的西番所产，所以十分难得，非常贵重，所以假的也很多。

不过，李时珍却不这样看，因为阿魏难得，这使得他对阿魏平添一种神秘感，而对普通的黄芩有点瞧不在眼里。

李时珍蜜糖一样的日子总是过得很快，终于有一天他感觉不是味了，突然跑进父亲的药房，拿出一块黄连嚼了起来。吴氏看得目瞪口呆，只有李言闻背过去点了点头，心里长叹一声：吃得苦中苦，方为人上人，这个儿子太像自己了。

李时珍卧薪尝胆，又开始发愤苦读了。过分用功使他的身体失于调养，这年暑月间，他得了一场感冒，怕耽误功课，他拖了一阵，结果一直咳嗽不停，转成了可怕的"骨蒸病"。

这病症状厉害，全身发热如同火烧，骨头就像放在蒸笼里蒸着一样，所以叫骨蒸病。

骨蒸病其实就是结核病，是由结核杆菌引起的慢性传染病，可累及全身多个器官，但以肺结核最为常见。常有低热、乏力等全身症状和咳嗽、咯血等呼吸系统表现。

在古代，结核俗称"痨病"，当时是一种非常严重的疾病，是青年人容易发生的一种慢性和缓发的传染病。在中国古代医疗条件下，得这种病非常容易死亡。

6年面壁的劳累，科举失利的苦恼，长期的生活压力，都在这时爆发了。

李时珍咳嗽不止，时而咳出血来。他全身发烧，身上火燎燎的，吃不下饭，睡不好觉。

李时珍病倒在床，全家人慌张起来。新过门的妻子吴氏急坏了，不知如何是好。

李时珍找来医书翻阅研究，自己开了药方，吃遍了柴胡、麦门冬、荆介这些书上说能治骨蒸病的药，谁知病情不见好转，反而越来越严重了。

李时珍每天要吐一大杯痰,烦躁焦渴,寝食难安。过了一个多月,病势加剧,全家人都以为他没救了,母亲张氏、妻子吴氏都在背后流泪,而这时候的李时珍已经快烧得不省人事了。

幸亏这时父亲行医回来了。父亲听妻子张氏说儿子患了重病,马上进屋探病。

父亲望着脸色憔悴、不省人事的儿子,心里十分难过,怪自己不该在儿子生命攸关的时刻外出,使儿子的病拖了一个多月没有得到及时的医治。

李言闻赶紧摸了摸儿子的脉,虽然脉息如疾雨沾沙,病蚕食叶,涩而无力,但无死相,还有希望。他连忙坐下来,仔细地进行探视。

李时珍这时稍微清醒了一点,忽然看见父亲为自己诊病,眼睛一亮,他知道自己有救了。李时珍从小就佩服父亲的医术,他在10岁时,身体十分虚弱,全靠父亲用药调养,10岁以后身体才好起来。

父亲把脉以后,向在场的人询问,儿子这一个多月来吃了些什么药。

李时珍的母亲赶快把李时珍给自己开的药方给父亲看,父亲摇了摇头说:"错了,错了!"

父亲来不及多说,立即开了一个药方,只有黄芩一味药。

说来也怪,吃了父亲开的药,李时珍静静地入睡了。第二天烧就退了,咳嗽也好了些。现在李时珍感觉来到了一个清凉世界,大病初愈,让他感觉到现在的一切格外美好。

李时珍甚至有一种幻觉,不相信这一切都是真的,有点弄不清这是人间,还是九泉幽冥。

他看到了围在床边关切地注视着他的亲人,渐渐回忆起昨天父亲亲自喂服他药汤的情景。

现在身热尽退,痰积咳嗽全消,他一下子坐了起来,身体奇迹般地好起来,他到鬼门关去游了一遭。

又喝了几天父亲开的黄芩汤,李时珍竟然能下床行走,咳嗽病也痊愈了。

病虽然一天比一天好,但李时珍却心中越来越奇怪,他不知道为什么父亲只用一味黄芩,就把自己的病治好了,黄芩在他的心中,太过于普通了。

有一天,李时珍实在忍不住好奇,就问父亲:为什么普通的黄芩就能治好自己的病,而自己开的那些药却没用呢?

父亲告诉李时珍说:"你开的柴胡,虽然是治劳乏羸弱之药。但劳有五劳。若劳在肝、胆、心,是必用之药;或者,脾胃有热;或者,阳气下陷,柴胡也是引清气、退热的必用药。

"但是,唯有劳在肺、肾者,不可用柴胡。你既有肺热,又在病中新婚,肾劳而虚。两者柴胡都是禁药,所以你的病势会越来越沉重。

"当时我也不知道该用什么方子,但忽然想起一个古方,就是用黄芩一两,水两盅,煎一盅服下去,治疗肺热肾虚导致的骨蒸病。正好对应你的症状,没想到还真是药到病除,真是神奇啊!"

李言闻一剂黄芩汤,竟然使李时珍起死回生。这不禁让李时珍亲身领受了中医药的奥妙,令他感慨不已。

李时珍怀着敬佩的心情对父亲说:"一个多月来,我不知吃了多少药,病情却越来越严重。谁知父亲仅用一味黄芩就镇住了病魔,这医药的奥秘真是太玄妙了!"

父亲笑笑说:"药不在多少、贵贱,而在对症。你的肺热重,黄芩是清肺热的。肺热一除,病情自然就会减轻了。"

同时,李言闻还因势利导,对自己的儿子说:你要记住,你的骨蒸病可以用黄芩治好,并不一定其他人的骨蒸病也可以用它治好。要知道,同一种药治一种类型的病,由于不同的人身体状况各异,效果可能截然不同。

怕儿子不明白，李言闻又举了个例子："就拿补药来说，同样用于补虚证，但如果不分清患虚证的人是虚寒还是虚热，是气虚还是血虚，是肾虚还是脾虚，是肺虚还是心虚，乱补一气，严重的会出人命的。

"所谓庸医杀人，就是说没有本事的医生，不懂得这个道理而胡乱用药，造成人命的。我们祖先传下来的医理、药理很深。我学了一辈子，也只是懂得了一点皮毛而已。"

听了父亲的一席话，李时珍对医药产生了更加浓厚的兴趣，父亲一味黄芩就制住了病魔，更是使他对医药学佩服，祖国的医药学真是不得了。

同时，这次病倒，也使李时珍亲身体验了病人的痛苦，进一步感受到医生责任的重大。

经过这次大病，促使李时珍更加热爱医药事业了。随着年龄的增长，阅历的增加，他对功名富贵更是不感兴趣了。

时世的艰难，使他深深体会到官场的昏暗，即使是经奋斗而当上官，也不能解除百姓的疾苦。

现在的李时珍想告诉父亲：这难道不是学问的本事吗？这才是真正的学问本事啊！就像鼓槌敲到鼓面上一样，应槌而响，看得见，听得清，实实在在。

想到考场的失败，李时珍不由得萌发了想跟父亲学医、继承祖业的念头，但他没有能说出来。

这时，李言闻拍了拍他的肩膀："先养几天，再接着读书吧。"

说到这里，李言闻顿了一下继续说："不过也别再像以前那样太用功了。"

看来，父亲还是对自己的科举寄予厚望的。看着父亲充满热切的眼神，李时珍也只好无奈地点了点头。

再次名落孙山

现在的李时珍，再也找不到童年的快乐了，他不得不思考这个社会，思考自己的人生。

特别是一个人的时候，李时珍拿着书本就会不由自主地走神。有时，他会情不自禁地想起，自己从小就对医药抱有极浓厚的兴趣，在医药的世界里，自己曾经很快乐。

而现在自己却不得不在科举的道路上，艰难而沉重地走着。自己难道要在这条道路上耗尽自己的青春吗？难道人就只能为科举而生活吗？难道就不能做点自己喜欢的事情吗？

有时，李时珍在妻子睡后，一个人静静地望着黑暗的房子，思绪不由自主飘到了自己的童年，他想到童年田野水上的快乐生活，那些几乎已经完全忘记的记忆，现在格外清晰地浮现在自己的脑海中。

他还回想起自己的读书之路，在科举途中的艰辛跋涉。当他想到父亲一味黄芩治好了自己患了一个多月的沉疴，可以说是起死回生的时候，使他对父亲的医药学佩服得五体投地。

有一段时间，李时珍不由得萌发了学医继承祖业的念头，可是他不敢向父亲提起。

有一天晚上，李时珍梦见自己终于鼓足勇气，向父亲提出放弃科举、开始学医的想法，但父亲对他大声呵斥。

最后父亲还严厉地告诫他："科举虽然两次受挫，但不能垂头丧气，还要作最后的努力，你天资聪慧，再苦熬3年，一定能功成名就。"

李时珍几乎哭着从梦中醒来，不过，他已经知道父亲坚定的信念，虽然自己没有提出，但是，他能够体会得到父亲的心。

经过一段时间的折磨，李时珍只得叹了一口气，为了李氏家族的荣誉，为了改换门庭，他现在只能收起学医的念头，再苦斗3年作一次拼搏。

在父亲的鼓励和督促下，李时珍开始带病苦读，幻想着在下一次的乡试中，取得优异的成绩，实现父辈们对他的希望。

李时珍以3年苦读和一场大病换来的是什么结果呢？

庚子年乡试就要到了，李时珍抬眼远眺近望，在蕲州西北面不远的安陆迎来了明世宗皇帝的南巡，使民间备受骚扰。这位皇帝又派税监，又封真人，上下闹得乌烟瘴气。

李时珍的前程，在这样的氛围中，也好像变得一片迷茫。

嘉靖十九年（公元1540年），李时珍抱着极大的希望，第三次在父亲的陪伴下来到武昌参加乡试，结果依然名落孙山。

这次考试的落榜，对23岁的李时珍是一次极大的打击，多年来的"进士"梦彻底破灭了。

李时珍又病倒了，这一次的病不同于上一次，上一次病在身体，这一次病在心灵。上一次病热，这一次病寒。

李时珍这次能吃能喝，不痛不痒，但却比上次重病还要痛苦百倍。在那找不出李时珍3个字的题名榜前，他的心比秋风还要冷，他的病比那骨蒸肺热还要重。

如果上次的重病是让他差点丢了命，那这次就是让他差点疯掉，失去自己的灵魂，失去自己的人生方向。

李时珍3次乡试不中并非偶然，其原因不是他没有用功学习，而在于他所发表的议论和提供的时务对策，完全不符合封建统治者的意志。

在李时珍的时代，统治者推行的是一套窒息人们创造精神的思想教育制度。科举考试是把年轻人的思想紧紧束缚在儒家经典的思想牢笼中，不容许有任何自由。

八股文，就是强调儒家经典，其实质就是强迫学子谨守儒家的处世为人准则，遵从三纲五常名教，死心塌地为封建统治者服务。

而与此同时，资本主义已在中国萌芽，在商品经济发展的情况下，为适应广大农工商贾强烈的文化生活要求，民间文化生活活跃起来，人民对封建统治思想逐渐发生动摇，封建统治思想的叛逆者应运而生。被统治者不甘于长期处于被压迫、被愚弄的状态。

李时珍是受剥削、压迫的平民子弟，不愿意昧着良心去为封建统治者出谋划策。他熟读四书五经，精研各种典史，所想到的是如何为人民做点事，解除贫苦大众的痛苦，因此，他在乡试中的答案一次又一次地不能入选。

榜上无名之后，李时珍进入到一个人生的关键时期。今后的人生怎么走。考了3次都未考上，第四次还考不考？这是一个难以抉择的问题，这是一个人生的十字路口。

按父亲的意愿，当然还要再考，可李时珍此时实在不愿再去考了。他想，自己不是当官的料，还是从父学医为好。

父亲对这件事其实也很是为难。不让李时珍再考吧，他不甘心。让李时珍考吧，此时儿子不仅心灰意懒，而且咳嗽不止，患上了骨蒸病，再考下去势必压力更大，病情再犯，恐怕难保性命。

李时珍如何来面对自己的前途命运呢？人生向何处去，这是一个他不得不思考的问题。

从科举转向医学

明代嘉靖十九年秋（公元 1540 年），那是一个月夜，李时珍记得非常清晰，因为就在这一天，他决心彻底与科举告别。

烟波浩渺的江水上，一叶孤舟顺水漂流。李时珍和父亲坐在船头，喝着闷酒，远处的圆月在水里荡漾，仿佛是此刻李氏父子的心，起伏不定。李时珍从这清冷的水中月里，看清了自己的 10 年寒窗路。

父子俩相对无言，但都在为一件事伤感，那就是科举，只不过一个是因为自己儿子没考上，一个是因为自己没有实现父亲对自己的期望。

李言闻望子成龙的科举梦又一次破灭了，他想不通儿子才华四溢、满腹经纶，竟然不为主考看重，落得个榜上无名，第三次赴武昌应乡试，仍然失败而归。

不过李时珍的心情却比李言闻还要好点，因为他毕竟年轻，脑子灵活。人不能在一棵树上吊死啊，他李时珍还这么年轻，真正的生活才刚刚开始。考不上就考不上吧，我努力过了，我无悔了。

只不过，唯一的遗憾是辜负了父亲对自己的殷切期望，自己没有走上仕途,让父亲伤心了。

李时珍抬起头,看着父亲面色憔悴、神情沮丧的样子,他心里很不好受。他很少盯着父亲看,在自己的眼里,父亲一直是最坚强的,是不可战胜的,平时李时珍喜欢一切都按父亲的意思做,因为他感觉父亲永远是对的。

这时,第一次,李时珍感觉到了父亲的脆弱,父亲的无助。现在自己已经成人了,自己要独立面对这个家庭,自己要挑起生活的重担了,父亲身上的担子,自己要接过来,让自己的家庭运转起来。

为了转移父亲的情绪,李时珍把一直藏在心里,已经思考多时的学医问题说了出来。

李时珍对父亲说:"父亲,我一直在思考医学上的一些问题。有很多东西,一直没机会和您说,正好趁现在这个机会,和您谈一下吧!"

李言闻从失神的状态中回过神来,在确定了儿子正和自己说话后,就随便"嗯"了一声。

李时珍说:"《孟子·告子篇》上讲:心之官则思。《内经》上也说:心者,君主之官,神明出焉。这两部书里都说,心脏是主管人的思维活动的。儿仔细思考了这个问题,觉得这里说得不对。

"本来,《内经》上说过,脑为髓之海,髓海不足,则脑转耳鸣,胫疫眩冒,目无所见,懈怠安卧。按这种讲法,是人脑主宰我们的视觉、听觉和运动器官的。

"再往深处想,我们思考问题时,是心在想,还是动脑子想呢?读书读久了,是头昏头痛,还是心昏心痛呢?显然这主要是前者。所以,儿以为,脑才是六神之府,思之官。"

李时珍这番独出心裁的言论,使父亲颇为震动。他从振兴家庭无望的失落中回过神来。

《内经》是祖国最早的一部医学典籍，它运用精气、阴阳、五行学说，总结和阐述了中医的基本理论，后代的中医理论的发展，可以说都起源于《内经》。《内经》上提出的心是思之官，千百年来有学问的人都视为真理，医经、儒经都这么叙说。儿子却敢向传统挑战，提出怀疑，真不简单！

李言闻并不保守，他只不过是对儿子寄托的希望太大，一时缓不过劲来。现在，他也慢慢想开了，自己都没有实现的愿望，为什么非要儿子实现呢？儿子已经努力了，这就够了，这就是自己的好儿子。

李言闻听着儿子的议论，仔细地琢磨着，儿子这番议论还真有点道理。

李言闻不由得感叹："真是有心栽花花不开，无心插柳柳成荫。我这几年来，天天督促儿子面壁苦学，尽了最大努力，发奋读书，几乎丢了命。

"但是，老天不遂人意，3次应试都名落孙山。万万没有想到，儿子仅凭着家族的影响，自己平时关于医药学有意无意随便说说，他就记在心里，对'心之官则思'竟动了脑筋，有了如此深刻的见解。

"自己行医数十年，也曾著书立说，但对于这么重大的医学问题，却从未产生疑虑，真是庸才！

"儿子果然聪明颖悟，才智过人，勇于探索。其实三百六十行，行行出状元，既然儿子在医学上能够如此钻研，何不让他跟着我学医呢？别让他像我那样了，为了科举白白耗费了青春，到头来还是竹篮打水一场空！"

李时珍见父亲沉默不语，便把自己想放弃科举考试，跟随父亲学医的想法说了出来。这个念头在他心里许多年前就有了,但是为了显耀门庭,不辜负父亲的期望,他藏在心里不忍心说出来。

看来,科举仕途与李家这一代还是无缘,自己的志向也不在这里。于是,李时珍趁父亲思想已经转变,便把多年来深思熟虑的话说了出来。

李言闻看着为应试累得瘦弱不堪的儿子,心头不禁涌出无限爱怜。李言闻并没有听到儿子的话,不过从儿子的表情,他就知道儿子要表白什么,儿子在重演他的悲剧,那个传说的笑话中,运气再也不敲门,儿子要等的是真正的学问本事了。李时珍决心从此放弃科考,随父学医。

李言闻觉得儿子的选择不能说最佳,但也算是条好的出路了。于是,他默默地点头同意。

李言闻最后痛苦地喃喃说:"为什么我李家父子两代都是同一个命运?我能治别人的病,却治不了自家的命。难道那朱衣神也是趋炎附势之辈,只对着富家豪门点头?想那顾家小公子还小你3岁,都在前年成进士了。"

顾家是蕲州城里有名的大户,顾家大公子顾问,18岁便中了进士,在福建当了多年大官,是全国为数不多的理学名家。

顾问归隐后回到家乡讲学,在阳明、崇正两座书院中开课授徒。由于顾问名气很大,全国各地都有人慕名到蕲州拜他为师,已有学生数百人。

顾问的兄弟顾阙,当时合称"二顾",虽然年纪不大,但已经被视为理学宿儒了。

顾阙也经常和哥哥在蕲州的崇正书院、阳明书院讲学,四面八方来蕲州听讲学的很多,弄得"二顾"名气比公侯卿相还大。

李言闻虽然答应了李时珍不再应考举人，但要求他学医之前，先去拜顾问为师。

既然不再应考举人，身上没有负担了，李时珍可以免于"不识庐山真面目，只缘身在此山中"之误，超脱出来看一看顾问讲的理学是什么样的理学。

都是读朱子的一本书，为什么他们顾家人都会进士及第，李时珍就考不上一个举人？看清了真正的学问本事何在，再来决定学不学医。

李时珍去拜师听讲了，回来后告诉父亲说：顾问讲的理学还是老样子的理学，看不出其中有什么真正的学问，也没有什么可以实际应用的本事。

这就像当时一些还有点头脑的学者指出的那样，它本质是"禅学"。既然是说禅，那就是只可意会不可言传，就是"菩提本无树，明镜亦非台"，就是佛祖拈花，迦叶会心。

这种玄妙的东西，不是李时珍喜欢的。他心里看重的是实实在在的东西，是治蛇虫咬伤的蚤休，是那一味起死回生的黄芩汤。

李时珍这时心意已决，他毅然写了一封"求父允儿学医"的决心书，其中有诗一首，诗中这样写道：

　　身如逆水船，
　　心比铁石坚。
　　望父全儿志，
　　至死不畏难。

看到儿子学医的决心，李言闻终于点头了，他不想把儿子逼出毛病来，到时可能后悔都来不及。

幸亏是李言闻点头，如果是那传说中的朱衣神点头，也许最多不过是又多了个当时的名宦大儒，而绝对不可能造就出中国科学史上流芳百世的一代医药家。

李时珍就这样开始正式学医了。

这样，从23岁开始，李时珍就弃文从医，继承父业，走上了医学的道路。

认真随父学医

　　弃儒从医，成了李时珍人生道路上的一个极其重要的转折点。

　　他的"脑为元神之府"之说，在我国历史上第一次明确地指出脑是人类思维的主要器官，从而改变了人们心中传统的"心之官则思"的错误说法。

　　后来，李时珍把他的"脑为元神之府"的思想，成功载入了他的药物学巨著《本草纲目》中。也就是在这一年，神仙方士的活动也更加猖獗起来。

　　嘉靖皇帝朱厚熜最初登基时，确实是有所作为的，可是到这个时候，开始常年痴于修道炼丹，疏于政务了。

　　有时，皇帝甚至不理朝政，在宫中设立用作祭祖祈祷的醮坛和炼金所，整天和一批方士鬼混在一起。

　　嘉靖帝是位个性极强的人，他认定的事别人大多难以改易。于是，更多的人便一味地逢迎和巴结，致使朝政一塌糊涂。

　　他不仅本人信道，当上皇帝以后，还要求全体臣僚都要尊道。凡是尊道的人都开始升官发财了，凡是敢于进言劝谏的人，轻则被削职为民或枷禁狱中，重则被当场杖死。

嘉靖帝时道士邵元节、陶仲文等官至礼部尚书，陶仲文还一身兼少师、少傅、少保等数职，这种术士道士在朝廷中担任要职的现象在中国历史上都是极为罕见的。

其实皇帝这样做，是想提高方士陶仲文的政治地位，使朝臣和老百姓都不敢轻视方士。于是，设坛扶觋的风气很快就传播到全国各地。

在这种歪风邪气的笼罩和刺激下，李时珍早已失去了步入仕途的信心，他也不指望在灰暗的官府能有多么美好的前途了。

一想到残酷的现实，他就更加坚定了弃文从医的信念。

一旦脱离了科举的桎梏，李时珍的心情一下子舒展开来，内心也平静了许多。

他不再有那些烦躁不安的情绪了，他现在完全可以安安心心地阅读以前从来不敢看的闲书、于科举无用的杂览，上至孔孟之学，下至诸子百家，当然也少不了医书。

李时珍在他的一生中，在医药事业领域，能获得如此大的成功，也是因为他能有幸遇到了两位恩重如山的老师。一位是对他进行医学启蒙的父亲，一位是博学多识、家藏万卷书的顾问。

先说第一位恩师，也就是李时珍的启蒙老师，父亲李言闻。

李时珍的父亲李言闻曾经在当地的玄妙观坐堂行医。他在医案旁设了一个座位，是他给收为徒弟的儿子专门设下的。

李言闻每当看完病诊完脉后，都要口授药方，让李时珍笔录药方，按方抓药，同时向儿子传授不同方剂药物的匹配用量情况、药物间的协同作用，以及如何抑制药物的毒性等。

父亲告诉李时珍说：

"每个药方的用药，都是按'君、臣、佐、使'的配合规则。君药是方剂中治疗主症、起主要作用的药物，根据需要可以用一味或者几味。臣药是协助主药的，用来加强其功效，是起治疗作用的药物。佐药是协助主药治疗，或者抑制主药的毒性和剧烈的性味，或是反佐的药物。使药是引导各药直达疾病所在或有调和各药的作用。

"一般小病，开一个处方，抓几剂药即可治疗好。大病或重病则需有步骤地进行治疗，先开什么处方，用哪些主副药物，病情见好后再换处方，改换用药，直到病情痊愈为止。"

李时珍跟随父亲从开方和抓药学起，不仅认识了许多草药，还进一步了解到药的四气、五味升降浮沉等特征。

所谓"四气"，就是指寒、热、温、凉4种药性，药性的寒凉和温热是与病症性质即热性病症、寒性病症相对而言的。

李时珍了解到，能够治疗热性病症的药物，属于寒性或凉性，如黄连是寒药，治热病泻痢；因陈蒿微寒，即是凉药，治黄疸身热。

能治寒性病症的药物，属于热性或温性。如附子是热药，能治因大汗而阳气衰竭、四肢寒冷等；草果是温药，能治因胸腹冷病而发冷较重的疾病。

药物还有辛、甘、酸、苦、咸5种味道。辛味能散能行；甘味能补能缓；酸味能收能涩；苦味能泻能燥；咸味能软坚润下；还有淡味能渗湿利小便。

药物作用的趋势又被分为升降浮沉。

升是上升，降是下降，浮是发散上行，沉是泻痢下行。

升药上行而向外，有升阳、发表、散寒等作用，沉降药下行而向内，有升阳、降逆、收敛、清热、渗湿、泻下等作用。父亲还常常结合一桩桩鲜活的医案，将治病救人的道理讲给李时珍听。

没有多久，两人便把李时珍因科场失利造成的烦恼忘得一干二净了。

父亲仔细热心地传授医道，儿子认真踏实地学习，父子俩情投意合,享受到了无穷的乐趣。

有了初步的基础之后,李言闻向李时珍进一步讲解了中国医学中辨证施治的道理。

李言闻说:

"所谓'辨证',就是综合病人所出现的各种症状,以及一切与疾病有关的因素加以分析,进而探求病变的性质和转机,从而了解疾病的本质,作为施治的准则。

"东汉有一个著名医学家张仲景,他在《内经》等古代医学典籍的理论基础上,运用辨证施治的医疗规律,进一步丰富和发展了治疗外感病及其他杂病的医学理论和方法。

"张仲景在多年临床诊断中,总是先检查病人的身体,观察病人的气色,倾听病人的声音,然后询问病人的症状,再检查病人的脉搏,最后综合检查结果分析病情,从而得出一个阴、阳、表、里、寒、热、虚、实的'辨证施治'方法,这就是传统中医的'望、闻、问、切'法。"

父亲又告诫李时珍说:

"医药学里的学问大得很,多得很,要成为一个受人欢迎、医术高明的医生,除了从前人书籍中吸取营养外,还要重视积累临床实践和搜集民间流传的经验。"

也就是从这时起,李时珍在父亲的指导下,涉猎了大量的医书,如《素问》《灵枢》《伤寒论》《金匮要略》《脉经》《诸病源候论》和《千金方》等医学名著。

十年寒窗读医书

不读书，难知天下事。书籍是知识集合体，其本身就如同大学，因为它是上一代、上几代，甚至几十代人心血和智慧的结晶，更是无数前人经验的总结，教训的归纳。

前代的名医已经不在人世，与他们最近距离的接触无异就是读书了，只有这样，才能让自己站得更高，看得更远。

要想有所建树，必须认真读书；要想超过前人，必须尽量多读些有用的书。

父亲对李时珍的告诫，让他明白医学是一门非常高深的学问，不是一天两天就能学好的，必须要下工夫，而且要下大工夫，要真正能够静下心，能够吃得苦。

从考场上败阵的李时珍，有过十几年的读书体会，虽然其中有不少书是他不喜欢的，但毕竟学了不少知识，掌握了一些有效的学习方法，积累了一些经验教训。

现在，李时珍又要读书了，不过这次不是为应付科举，而是阅读自己最心爱的医书，不过他家里的医书已经远远不能满足他的阅读要求了，他要寻找更多更好的医书，这时，他将目光投到了本地的其他读书人身上。

郝家、顾家都是蕲州的著名乡绅，他们都是读书世家，家中都有大量藏书，而且李时珍还是著名儒士顾问的学生。

郝家与李家关系不错，而且离李家比较近，所以李时珍常到他家借书看。

郝家的郝守正，进士出身，曾在怀庆府为官。现已去职在家，正计划与另外一个文人王伊合写《潮州记》。

郝守正的弟弟郝守道是研究医学的，曾游历京师、江淮、山东等地，搜罗了大量医药书籍。李时珍在顾家与他结识，并成为好友，所以他常找郝守道借书，而且还乘机与郝守道讨论一些医学知识。

李时珍与顾家来往更多。顾家弟兄俩都是进士，在理学研究方面，建树很高。

哥哥顾问曾经担任福建参政，为官清廉，休官回乡后与其弟顾阙在蕲州城内的阳明书院和崇正书院讲学，吸引了大量的求学者。

顾府在蕲州东门外全胜坊，距李时珍家也不是很远。

"二顾"的父亲顾敦是个学富五车的名士，家中常有名儒来往，并且养有医生、方士、不第书生等寒士。李时珍的父亲李言闻也是其中之一。

李时珍从医以后常去顾家请教学问，成为顾家弟兄的好友。

顾家有一座藏书楼，楼内装满了经、史、百家的书籍成千上万卷。李时珍经常到那里借书看。

顾问曾经告诉李时珍："这个书库是我家最有意义、最有价值的财产。我教学生，第一个要求就是每个人必须涉猎群书，搜罗百氏，这样才能在前人积累的知识基础上，有所创造，做成一番事业。"

李时珍牢记老师教诲，在顾家的藏书楼里，他精读深研了医药学方面的经典著作，如葛洪的《抱朴子》、王安石的《字说》、陆羽的《茶经》、贾思勰的《齐民要术》、陶弘景的《名医考源》、盖说的《食疗本草》等。

同时，李时珍还旁及其他各类丛书，凡子、史、经、传、声韵、农圃、医卜星相、乐府诸家，无不广泛阅览。经过几年的广收博采，学问大有长进。

李时珍在自己的医疗实践过程中，也认识到他的医药知识所缺太多，远不够用。他一边行医，一边学习，深深体会到"书到用时方恨少"这句话的道理所在。

李时珍下决心，一边在实践中学习、锻炼，一边系统地尽量多地学习有关的医药知识。

读书，有教师指导和没有教师指导可大不一样。师者，传道、授业、解惑也。如果有教师指导，就会取得更好的效果。

另外，最主要的是，李时珍酷爱医药事业。兴趣是人生最大的动力，能在自己喜爱的医学事业上前进，对于李时珍来说，是非常幸福的，这就为他的进步创造了极好的先决条件。

父亲李言闻是李时珍当然的第一位教师，有些问题，随时问，随时解答，随时指导。另外，还有郝守道、顾问等名师的指点，当然进步就很快了。

这还不够，李时珍还非常注意向广大劳动人民学技术、学本领，因此，他从来没有将自己的医学脱离实际。

专攻学业，苦读医书，整整耗去了李时珍10年的时间，这一时期大概为从他弃科举开始学医到35岁。

据顾景星的《李时珍传》中记述，这一时期的李时珍，几乎达到不出户庭的地步，由此可以看出他读书的努力、学习的认真程度。

当然这是有所夸张的，说李时珍苦读10年是符合实际的，但说他足不出户，那就是不可能了，为什么呢？

因为李时珍要随父行医，总不能只待在家中行医吧！况且，除了出诊，他还要上山采药，这也是必须外出的。

这10年中，李时珍读了大量的书籍，涉猎的范围很广，据《蕲州志》卷十载，他读的书"上至天文，下至地理，莫不备完"。

也就是说他各方面的书都读了些，这样读书，使他的见识广，根基深，层次高，底子厚。这样读书，使他基础坚实，成为他以后能编著《本草纲目》的先决条件。

这样读书，不仅使李时珍成为医药学家，也使他成为一个诗人。他曾著过《唐律》一书，也有过自己的诗集，可惜都失传了。

李时珍的诗作，除了散见的少数篇章外，在《濒湖脉学》里还有一些介绍脉象的诗，从中可以领略一些李时珍的诗风。

当然，在这10年中，他读的最多的还是医学、药学一类的书。例如古典医药学名著《黄帝内经》《伤寒论》等。

李时珍父亲写的《人参传》《蕲艾传》《医学八脉法》《痘诊证治》等书也是他常读的、需要继承的医书。

由于这10年辛勤的苦读医书，使李时珍系统地学习了祖国传统的医学、药学理论，真正了解了它的起源、发展、成就。

当然李时珍不是死读书，他是一边读书，一边实践的。这就使李时珍可以用学来的知识指导自己、提高自己。

在医疗实践中，李时珍把发现的问题予以澄清、纠正，由于发现的问题太多了，所以他才会有了重修《本草》的心思，这也成为他后半生的人生目标。

为医学苦练内功

李时珍在顾家的时候，经常遇到一个青年人，这个人风流倜傥，谈吐不俗。经过几番接触，他们非常投机，很快成为莫逆之交。这个青年就是郝家的郝守道。

郝家也是蕲州四大名门望族之一，郝守道酷爱医学，精于内功，又爱游览名山大川，阅历丰富。

郝守道也是一个不喜欢八股和经书的人，但是非常喜欢读书，读各种各样的书。因为与顾家的关系很好，所以他也经常到顾家读书。

另外，郝守道和李时珍一样，对各种事物都肯下工夫研究，反对墨守成规，主张经世致用，大胆创新，他有许多独到的见解，对李时珍的帮助很大。

李时珍平时除了跟父亲学习医术，听顾问老先生讲学之外，常和郝守道一起探讨各种问题。

一天，秋高气爽，李时珍和郝守道一起来到长江边的凤凰山上。据说李白、杜甫就曾经到过这里，所以这里有一个地方，名叫白甫岗，表示对这两位古人的尊敬和思念。

在一棵古柏下，李时珍和郝守道两个人促膝谈心，他们面前摆着一本葛洪的著作《抱朴子·内篇》。

葛洪是东晋道教学者、著名炼丹家、医药学家。字稚川，自号抱朴子，丹阳郡句容（今江苏句容县）人，世称小仙翁。

葛洪曾受封为关内侯，后隐居罗浮山炼丹。著有《神仙传》《抱朴子》《肘后备急方》《西京杂记》等。

葛洪的《抱朴子·内篇》20卷，其中"金丹""仙药""黄白"三卷，记载了战国以来炼丹术，炼丹术是古人为求"长生"而炼制丹药的方术。

对于葛洪的著作，历来争议很大，仁者见仁，智者见智。李时珍对《抱朴子》中的理论和用药很反感。

李时珍当时并没有真正看过葛洪的作品，他的一些思想都是来自于父亲或者别人的一些看法。

李时珍首先提出了葛洪的一些错误理论，他对郝守道说："葛洪认为，人生命的长短，是预先由天上的星宿决定的。如果一个人的命是属生星的，这个人必然信仰仙道，得以长生；如果一个人的命是属死星的，这个人就不会信仰仙道，就要短命。既然一个人的长生与否是命中决定的，长生者何必勤修苦练？只坐待成仙就行了。"

李时珍还说："葛洪对于水银的论述，我认为一点道理也没有。水银是至阴至毒的物质，六朝以来，贪食水银以求长生者，不知有多少人致残，甚至丢了性命。葛洪却说水银是长生之药。"

李时珍把自己所知道的和别人批评葛洪错误的地方，一股脑儿地说了出来。

郝守道也认为把水银当作长生不老药是荒诞的，但他同时认为水银确实也可以治病。

为了增强说服力，郝守道还举例说："水银外敷可杀灭皮肤中的虱子，治疗癣恶疮。水银还可以制成朱砂，用于治五脏百病，养精神，安魂魄，益气明目等。"

同时，郝守道还认为，道家用炼外丹的方法求长生，十分荒谬。但是，以吐纳、导引术来练内丹，就是一门高深莫测的学问了。

"那你能不能讲一讲什么是练内丹呢？"李时珍问郝守道。

郝守道说："内丹是一种以运气为主的锻炼身体的方法，又叫吐纳术、导引术。通过采气、养气、练气，使人体内结丹，而后用内丹打通经络，使人体出现诸多的特异功能。兄台如果练吐纳、导引之术，可练出内视的功能。"

"内视？"李时珍还是第一次听到这些呢，他以前一直对于这些道士的玩意非常排斥，所以也从来没有关心什么内丹、外丹的。

"那什么叫内视？"李时珍好奇地问。

"通过练吐纳、导引，两眼之间的天目会打开。天目一开，便能窥见自己或别人体内的五脏六腑奇经八脉了。"

李时珍听到这里，感觉有点心痒了，他没想到道教还有这样一门学问，能够真正与医学相通。

"我真想练内视的功夫，可惜无人教我。"李时珍说。

郝守道笑了笑说："我可以教你。"

李时珍大喜，连忙拱手说："你有这手功夫？那么兄弟拜哥哥为师好了！"

郝守道爽快地答应了，他说："好。不过还有一个条件，就是你得首先排除对葛洪的偏见，好好读一下葛洪关于吐纳、导引术的论述。"郝守道对李时珍说。

说完，郝守道拿起《抱朴子》，给他指出需要阅读的部分。

就这样，李时珍开始阅读起《抱朴子》。这些书在以前，他是从来不看的，可是现在看起来，那是自己错了。

虽然这些道家养生术有不科学的地方，但是还是有很多东西是可以借鉴的。

通过阅读《抱朴子·内篇》，李时珍了解和熟悉了秦汉以来的各种炼养方术。

而且他也认可了葛洪的根本思想，只要根据不同情况采取不同养生方法，不偏不执，懂得气法、导引、房中、饵药、金丹，就能达到延年益寿的长生目的。

过了几天，李时珍觉得自己对于葛洪的思想比较熟悉了，再次见到了郝守道，两个人交流了自己阅读《抱朴子》的心得。

然后，郝守道开始传授李时珍内功。

郝守道首先让李时珍坐南向北，两手呈莲花掌，全身放松。李时珍照郝守道的话去做，慢慢地，他感到两手之间有一种吸引力，手指上又有了胀感、麻感。

李时珍就把感觉告诉了郝守道。

郝守道说："你已有了气感。气是一种很神秘而又很实在的东西，练内丹的人都能感到它的存在，但又说不清楚是什么东西。"

此后，李时珍对吐纳、导引之术，兴趣越来越浓，在郝守道指导下，每日坚持练，内功有了很大的进步。

这一天，李时珍又和郝守道来到凤凰山的古柏下。李时珍面对古柏，横切、竖砍、对拉，将自己身上的浊气通过手掌上的劳宫穴、商穴、商阳穴、中冲穴排给柏树作营养，然后又将柏树中的"灵气"吸出，补给全身。

导引功做完，李时珍开始背对大树做站桩功。他手掌微微伸开，五指相对，呈莲花掌，用莲花掌抱虚球，置于小腹前，双膝微曲，再用意念将大树移到眼前，一实一虚，两棵柏树将自己夹在中间，同时，两手轻轻来回对拉。

不一会儿，微风吹过，李时珍的身体开始轻轻地摇摆，逐渐进入了恍恍惚惚、如醉如痴的境界。

按郝守道的传授，李时珍臆想太阳从口中进入体内，进入心中，照在心头，再臆想阳光和心头会合，最后达到交相辉映。这时，李时珍感到心中暖融融的。

此时，李时珍用百日筑基练就的小丹，从腹部丹田中调出。他真切地感到，这颗如米粒般大的金黄色的小丹穿过任、督二脉，经过会阴、尾门、腰脊、挟脊、玉枕、百会、神庭、人中、龈交、承浆、天突、玻现、华盖、紫官、腹中、中院、神阙、气海等穴位，迅速地沿着小周天旋转奔腾。

李时珍收功后，把自己观看到的内景告诉了郝守道。

郝守道说："你这只是练吐纳之功的第一步。第一步主要是练精化气，达到小成。然后要经过十月'养胎'，练气化神，再经过3年乳哺，练神还虚，便可以到中成。如果再经过几年面壁练虚合道，便可达到大成。能大成的人，是少之又少的。"

李时珍点了点头。

有了实践经验后，李时珍对于道家养生的态度也发生了一定的改变。他认为练内功对于养生确实是有用处的。

所以，在李时珍此后的一生中，一直坚持练习内功，从来没有停止过。

虽然给人看病太忙，没能付出自己的全力，但还是达到了中成的境界，这对他的医药学研究有很大的帮助。

李时珍通过吐纳术的实践，在历史上第一个提出了"内景隧道，唯返观者能照察之"的著名论断，并创立了"肾间命门"学说，写出了《奇经八脉考》《濒湖脉学》等著作。

李时珍自从练内功之后，医理、医术取得了很大的进步。

参与医学实践活动

除了学习理论知识，李时珍还跟着父亲进行了大量的实践活动。

李言闻每天出去给老百姓看病，李时珍就跟随父亲走街串巷，父亲给人看病时，他就在一旁自己观看，看父亲怎样望、闻、问、切。

李时珍往往一边听、一边记，最后还为父亲代笔书写药方，有什么疑问就向父亲讨教。

慢慢地，李时珍入了门后，父亲就让他先开出药方，然后进行纠正，最后，由李时珍书写药方交给病人。

李时珍就这样随父学医，进步很快。

李言闻还常常结合过去治病时发生的情况，给李时珍讲一些治病救人的道理。

有一天，天昏地暗，电闪雷鸣，一场偏东雨下起来。一个汉子全身湿透，抱着一个六七岁的小孩子冲进玄妙观来。小儿双目紧闭，已经昏迷过去。

那汉子惊慌地告诉李言闻，他的孩子最怕雷，一打雷就不省人事，请郎中相救。

父亲赶紧叫李时珍取出一瓶高粱酒，倒了一小杯，灌进小儿口中。那孩子顿时苏醒过来，哇哇地哭。

父亲对李时珍说，这个小孩是受惊恐而昏迷，醇酒是治惊恐而昏厥的良药，这个小孩如此怕雷鸣，只因气虚。要是能治好气虚，今后就不会再怕雷鸣。

那汉子听说郎中能治儿子闻雷即昏的怪症，忙求郎中赐药。父亲一面口述药方叫李时珍开药，一面向他讲述配方的道理。

这个小儿气虚兼血虚，应以人参为君，作为主药以补气虚，安魂魄，止惊悸，除邪气。

以当归为臣，辅助人参补血虚，以麦门冬、五味子为主，麦门冬可以辅佐当归防止补后血热侵肺，五味子可以辅佐人参镇心润五脏。

李时珍开好药方，用心记住父亲的话，抓好药。于是那汉子抱着又活泼起来的儿子走了。

后来，那汉子又来抓了几服药，并告诉李时珍父子，儿子的病好了，再也不怕打雷了。

父亲通过这个事例，向李时珍讲起了祖国医学中辨证施治的道理。所谓"辨证"，就是综合病人所出现的各种症状，以及一切与疾病有关的因素加以分析，来探求病变的性质和机理，从而了解疾病的本质，作为施治的准则。

李言闻看病开药，都是自己采制中草药，以防假冒、伪劣的药品贻误病人。所以，李时珍也经常随父上山去采药，回来加工炮制。这样，李时珍学到了不少关于中草药的知识。

为了采药，李时珍随父亲走遍了家乡的山山水水。他发现家乡真是风景秀丽，到处草木茂盛，繁花似锦。

李时珍对中草药的兴趣越来越浓。每次随父上山采药，对每种草药的名称、功能、药性总要刨根问底,问个一清二楚。父亲也总是耐心解答,详细解释。

有一次,李时珍为一位重伤风病人开药方,因为考虑不周,差一点出了人命,对他震动很大。

那天,李言闻上山采药,一位年轻人来求医,说他父亲得了急病,李时珍连忙背上药箱跟着年轻人走了。

到了病人家里,病人正躺在床上。李时珍一看,病人面红耳赤,额头发烫,当即断定是重伤风,就要病人的妻子煎生姜水服用。

病人妻子问,重伤风能不能吃鱼,李时珍进门时看到病人家里有一条乌鳢鱼,随口说:"用生姜煮乌鳢鱼吃没事,只要出汗就好了。"

没想到,病人喝汤吃鱼之后,不见出汗,反而脸色变白,舌头打结,翻白眼,出粗气,全家人吓得慌了手脚。

病人的儿子急急忙忙来找李时珍,李时珍惊出一身冷汗,不知是怎么回事。

正好,李言闻采药回来,问清了情况,连忙开了几种草药解毒,很快治好了病。

李时珍几夜没睡好觉,反复琢磨,用生姜煮乌鳢鱼,从来没发生过中毒的事,为什么伤风病人吃了会中毒呢?这使李时珍研究中草药的兴趣更浓了。

李时珍随父学医3年,到26岁时,已经有了比较丰富的经验,再加上他刻苦好学,已经基本能够独立看病了,而且,医德高尚,很受欢迎。

开始单独行医

李时珍在顾问那里广收博采，虚心好学，阅读了大量的医学书籍。同时，他又跟随父亲临床治病，共同研讨治病的方法和用药的技巧。

这种理论与实践相结合的方法，使李时珍在医术方面进步很快，没多久他就能够单独给病人诊病，独当一面了。

一天，一个年过5旬的重症病人被家人抬进了玄妙观。李时珍一面为病人切脉诊病，一面听病人的亲属叙述病史。

原来，病人平时特别喜欢饮酒。这年冬天，母亲由于年事已高，不幸去世了。母亲的离世给了他巨大的打击，他悲痛欲绝，终日饮酒，日甚一日，总是一面饮酒，一面悲哭母亲的离世，结果受寒病倒在床。

由于病人没有得到及时的治疗，便把急病拖成了慢性病，而且时时发作，越来越严重。病人一旦发作，便上吐下泻以至昏厥。

李时珍给他诊完病后，开了一剂升麻葛根汤加四君子汤，外加苍术、黄芪，一共12味药的方子，交给父亲过目。

父亲看了药方后问李时珍：

"你为什么用升麻为君,柴胡为臣?"

李时珍说:

"这个人的病症主要是因为过分忧伤引起元气大损,导致肾阳亏损各种症状的出现。只有从升发阳气入手,才能根治此病,不能头痛医头,脚痛医脚。升麻有升阳解毒的功效,柴胡有治阳气下陷、平三焦相火的作用,因此,我用升麻为君,柴胡为臣作为主药,再配以治疗其他症状,减轻主药副作用的药物作辅药,开了这个药方,不知对不对?"

父亲听了儿子有条有理的阐述,连连点头,称赞儿子诊病精确,用药得当。后来,这个病人在李时珍的精心治疗下,身体很快就康复起来。

还有一次,李时珍的父亲出外巡诊,留他一人守在玄妙观。

忽然,几个官差风风火火地来到玄妙观,说是荆穆王的宠妃胡氏得了急病,想请李医生赶快去看一下。

李时珍听说是去王府看病,而且又这么急,知道一定不是小病。可是父亲又不在,一时也又不便去找,就说:

"父亲不在,能不能等一会儿?实在不行,请到别家吧!"

那几个官差一听就急了,他们说:

"现在来不及了,已经请了几个医生,都说治不了。既然李医生不在,就请你去一趟吧!"

李时珍看看也没有其他办法,就和他们一块儿去了。

李时珍随着那几个人走进内宅,只见荆穆王因束手无策,正在屋内急得团团转,一个劲地叹气。里屋不时地传来呻吟声。

荆穆王看见李时珍进来,急忙迎上前去,等看清这不过是一个年轻人的时候,就未免有些失望。

但是毕竟来了个医生,荆穆王还是抱着一丝希望说:

"请李医生赶快给王妃看病吧！如果能治好王妃的病，我一定重金相谢！"

在几个侍女的指引下，李时珍来到里屋。

几个侍女报告说："王妃娘娘，李医生给您看病来了！"

这个时候王妃已经疼得说不出话来，只是隔着纱帐摆了摆手，意思是让医生过去。

李时珍来到床边，隔着纱帐，只见王妃躺在床上呻吟不止，痛苦得在被褥中翻滚挣扎。

王妃无力地将手伸出帐外，让李时珍把脉。

李时珍按照父亲教的办法，"望、闻、问、切"以后，便退出里屋。接着，他又向荆穆王询问王妃得病的经过。

原来，前几天在一次饭后，王妃和家人发生了一场口角，由于气愤已极，便引发了心痛。紧接着，她又三日不通大便，直至腹痛难忍。

王府上下已经请了不少医生都不见效果。有人说玄妙观的李言闻医术高明，荆穆王便派了官差来请，谁知李言闻不在，官差便带了李时珍前来交差。

荆穆王当时也是病急乱投医，也顾不得许多。他想着管他是哪个医生，只要能治好王妃的病就行了，所以便叫李时珍来试试看。

李时珍心想：这么多医生都来看过了，病人也没见有任何起色，看来一般的方子是不行的。他一下子想到了南北朝时期的药典《雷公炮炙论》中所记载的"心痛欲死，速觅延胡"。

对啊，何不用"延胡索"这种中药试一试呢？！李时珍恍然大悟，当即就想出了合适的药方来。

于是，李时珍给荆穆王的宠妃开了一个名为"延胡索3钱"的药方，叫王府立刻派人去抓药，并说："此方只能一试，不能保证一定会好。"

想到以前给王妃看病的医生开的药方都很复杂，少则几味，多则十几味、几十味，一抓就是一大包，可是李时珍给开的药方上却只有一味中药，药量又这么少。王府的差人拿着药方犹豫起来，他们拿不定主意，便只好去请示荆穆王。

荆穆王也没有其他办法，只好死马当作活马医了，他命令差人照方抓药，几个差人便一溜烟跑去了。

药抓来后，李时珍叫人温好一壶酒，用温酒调好延胡索末，请王妃服下。

王妃服下药后不一会儿，便解了大便，心腹痛全部止住了。荆穆王大喜，留李时珍在王府住下，直至王妃的病全好后，才重重酬谢了他，送他回家。

李时珍将治疗王妃心痛病的经过向父亲述说之后，父亲大为赞许。于是父亲在玄妙观内为李时珍单独设了一个医案，让他独立行医。

但是，为了病人的安全，李时珍遇到大病或疑难病症，总是把开的处方交给父亲过目以后，方才给病人抓药。

正式行医受欢迎

在父亲的亲自指导下，李时珍开始正式行医。初涉医坛的李时珍激动万分，因为他继承父业，为百姓解除疾苦，为他人治病延寿的愿望，终于得以实现了。

李时珍深深懂得，当郎中治病救人这副担子的沉重。所以，他小心翼翼地随父行医，认真观察每一个病例，记下每一例病史，从形体、外观、容颜、舌苔到脉象。

对诊断、用药以至疗效都做了详细的记录。因为他知道，这是父亲几十年行医的经验，是无数前人行医心血的总结。

李时珍不仅重视行医实践，更加重视系统地学习、研究先人的医药论述，并努力把两者结合起来，用医药学理论指导医疗实践，用医疗实践的认识去验证医药学理论。

这时，李时珍已经有了一个儿子，名叫李建中。在行医中，李时珍同时帮助父亲挑起养活全家的生活重担。

俗话说："挑重担子的人走得快。"李时珍两副担子一起挑，开始经受事业、生活两方面的考验。

就在李时珍正式行医不久，南方连年受灾，不是旱就是涝。

蕲州是连年受灾的地区之一。旱灾时，河流量锐减，大河少水，小河无水，一些水渠和池塘完全干涸了。旱情严重，土地干裂，田里的秧苗全部干枯了，颗粒不收，农民陷入困苦之中。农业的歉收，也直接影响到其他行业，到处显现一派衰落的景象。

水灾时，阴雨连绵，雨量猛增，河水暴涨，泛滥成灾。农田被淹，屋舍倒塌，牲畜被溺，百姓无家可归，没办法只得流落他乡，以求生存。

而且往往是祸不单行，灾年又有瘟疫流行，受苦受难的百姓怎能经受得住这样的折磨呢？面对着天灾人祸，有谁来帮助这些受苦受难的人们呢？

依照明朝的官制，明朝政府设有专门医治病人的单位，叫医药惠民局，惠民就是给百姓以好处。

但是，当时的统治阶级根本不管百姓的疾苦，惠民只是挂出来贴金的招牌、骗人的幌子、笼络人心的话语。

那些身处医药惠民局的官员，一味以职谋利，贪赃枉法，营私舞弊。他们还借用买卖药材的机会，低价收购，高价售出，以次充好，以假当真。

这些医官们天天想的是坑人、害人、捞钱，哪里还有什么恩惠给贫苦的百姓呢！

在灾荒和瘟疫笼罩下的百姓，有许多人在饥饿和病痛的折磨下，凄惨地死去。勉强活着的穷苦百姓，无力地在死亡线上挣扎。

严重的灾害，众多的病人，使得李时珍父子全力以赴，夜以继日地为病人工作。

李时珍从早忙到晚，帮助父亲医治一批又一批病人。病人太多了，忙得他连吃饭的工夫都没有。

有时为了抢救危重病人，他们还得走上十几里甚至几十里路去出诊，以求尽量把病人从死亡线上抢救回来。

对待穷苦百姓，李时珍总是细致地诊治，精心地开药，耐心地解释。有时登门看病、送药，对危重病人日夜监护。

当时蕲州一带患血吸虫病的人很多。那时，人们管这种病叫做膨胀病。这种病难治，更难治愈，历来都使医生们感到头痛。

血吸虫病是千百年以来我国南方常见的、广为流行的寄生虫病。南方的水域多，到处有河流、湖泊、池塘，农田多为水田。农民、渔民常在水中作业。

因此，生长在水中的血吸虫有非常多的机会侵入人体。南方人爱吃田螺，血吸虫就潜入在某些田螺体内，人们吃了带有血吸虫的田螺，是很容易染上血吸虫病的。

蕲州一带遭受水灾后，人们与疫水接触的机会加大，得膨胀病的人数猛增，这可使当地的医生们为难了。恰逢此时，李时珍初涉医坛，这可是一场医德、医技的考验啊！

在困难面前，李时珍是从不回避的。他认真地学习了《外台秘要》一书，对医治膨胀病有关的知识进行了反复的、深入的研究，掌握了这种病的病源、病理及治疗方法。

在父亲的指导下，李时珍结合具体的病例与医书对照，认真地观察研究、治疗每一位患者。

起初，李言闻每诊完一位病人后，都让李时珍重诊一次，然后让李时珍先讲讲诊断结果。

李时珍略沉思一下说道："据病人自己说，感到肚子胀，浑身无力，纳食不佳，症状已有半年多了。"

听着儿子有条不紊的陈述，父亲一边微笑一边点头说："你的诊断是正确的。你看，这位病人腹胀过甚，两腿奇肿，是位典型的膨胀病患者。"

李言闻为儿子的进步感到由衷的高兴。

"那么，该开些什么药呢？"李言闻问儿子。

"苍术3钱，当归3钱……"

听完儿子的诊断，李言闻十分满意，同意他的诊断、用药，并不失时机地诱导儿子说："一定记住，熟读王叔和，不如临证多。"

"是的，孩儿明白。"

王叔和是晋代写《脉经》的著名医学家，李言闻用这句医界谚语鼓励儿子多参加医疗实践活动。李时珍也乐于在实践中增加感性知识，积累经验，提高医疗水平。

李家父子就这样一面抢救病人，一面不断学习，不断切磋，根据病人的具体情况，加药、减药、改药方等。

就这样，李家父子先后给100多位膨胀病患者治了病。

处在灾年这样的非常时期，收取药费也只能视情况而定，能给的就给，给不足的，只好能拿出多少是多少，如果根本拿不出钱，那也没有办法，只能算了。

有时，李家还留病人在家吃饭，甚至还让病人带走些干粮。李家父子真正做到了治病救人、乐善好施。

由于李家父子的全力抢救和精心医治，不少危重病人都恢复了健康。他们的医术、医德、善行传到四面八方，百姓们由衷地称赞李家父子。

在救灾治病的过程中，在行医的实践中，李时珍得到了锻炼，增长了知识，积累了经验，提高了水平，他所追求的目标开始实现了。

李时珍初涉医坛就已经对人民、对社会作出贡献，他的医术、医德，名扬四方了，前来请他治病的人越来越多。

揭露骗子谎言

嘉靖二十二年（公元1543年），李时珍的妻子吴氏有了身孕，李家的人非常高兴。李时珍还像往常那样，经常跟着父亲，去玄妙观为群众治病。

玄妙观里有个监院的金道士，以前是个"提罐子的道士"。所谓提罐子的道士，就是一些骗子。这些人自称有炼铁成金、烧汞为银的本事。

按这些骗子的说法，只要给他们一些金银做母，他们运用自己的法术，就能炼出更多的金银。当然是拿的越多，生的也越多。

对于那些整天想着发财，而又不想付出多少劳动的人来说，这种骗术非常有市场。特别是那些贪婪愚蠢的富人们，他们都会毫不犹豫地拿出成百上千的银子，给这些道士们做"银母"。

这些道士把银母放在罐子里，装模作样地烧炼，然后寻找一个机会，提起罐子就走，所以被称为提罐子的道士。

金道士就是这样的流氓光棍，经常打着神仙幌子行骗。当时，这种人还有一个专门的称呼，名叫"神棍"，即冒充神仙的恶棍，还真有点形象。

不过据说金道士的骗术更高明一些，他每到一处大地方，身边都有健仆跟随，美女服侍，挥金似土。别人一看，还以为他真的是神人，真的非常有钱，真的有本事变出钱来，因此就有人不断上钩。

等到有人真的上钩了，金道士就在这个想生钱的人家里，开始炼丹。还要专门安排一个"丹房"，白天不让人家去，说是专心炼丹，其实就是把银子偷偷藏起来。

到了晚上，专门让主人守着炼丹炉，然后再设法让身边的美女和他勾搭成奸。

当然等到最后，炼丹炉里肯定什么也没有。这个时候只有拷问美女，供出和主人家在丹房行了奸淫之事，翻过脸来说金丹走失，丹房受了污秽，所以真丹走失，连银母都糟蹋了。

就这样，金道士不但轻而易举提着罐子，临走还要敲诈主人一笔遮羞费，其实那美女不过是临时雇来的娼妓，健仆也不过是临时雇来的光棍罢了。

这就是金道士以前的作为，到了玄妙观当监院后，他没敢再做这些事，一来玄妙观当时的观主是个正派羽流，二来李言闻父子在那里给人看病，常常戳穿他的谎言。

金道士对李时珍父子可以说是恨之入骨，一天到晚想着如何把他们赶出玄妙观，只是这李家父子行得正，走得端，金道士一时也想不出办法。

嘉靖二十年（公元1541年），明朝嘉靖皇帝为了长生不死，祈求上天的赐福，决意炼丹成仙。

一代奸臣严嵩也在这个时候入阁，登上了明王朝政治舞台的中心。这位日后臭名昭著、恶迹昭彰的人物，之所以入阁拜相，一个重要的原因不过是他善写道教斋醮祈神的"青词"，讨得了皇帝欢心而已。

同时，奸臣严嵩为了讨好皇帝，特地请来了真人陶仲文大建雷坛，昼夜设立道场，为皇帝求神祈福。嘉靖皇帝干脆不理朝政事务，专心炼丹。

为了皇帝能够早日成仙，各地地方官府奉命搜寻各种灵丹妙药，强迫老百姓上山采灵芝，捕梅花鹿，进献给朝廷。在这种情况下，在全国各地建造了大量的雷坛、修道院，以供炼丹和求药，广大老百姓遭受着这场痛苦的大灾难。

官府强迫民众运送檀木、进献灵芝和梅花鹿，不少人受逼而死于非命。而那些受到朝廷宠信的道士和方士们，在地方上十分猖獗，更加放肆地愚弄人民。

当金道士听说皇帝为了炼丹，让官府四处采灵芝、搜捕梅花鹿的消息后，一下子就看准了当时世风所向，他知道自己大展身手的好时机来了，他要找李时珍斗一斗法了。

当天晚上，金道士就找到了李时珍。李时珍对于金道士的来访，感到有些意外，因为他们是仇家，虽然同在玄妙观，平时却来往极少。

不过，李时珍还是把金道士让到了屋里。

金道士异乎寻常地热情，一上场就对李时珍大加称赞，说他们父子医术多么好，对人民做了多少好事。

然后，金道士开始进入正题，提到了现在到处采灵芝的事。蕲州早在北宋政和年间就盛产灵芝草，但已采伐殆尽，现在很难采到这么多了。

从灵芝又谈到仙丹，金道士吹起法螺，大谈服食丹砂水银长生不老之术。李时珍听着这些感到十分厌烦，当面用事实戳穿了金道士的一派胡言乱语，金道士感觉谎言败露，灰溜溜地离开了。

全力治病防疫

　　嘉靖二十四年（公元1545年），在人为的灾祸残酷地折磨广大人民的同时，蕲州又遭遇了一场大的天灾：洪水。

　　虽然蕲州连年天灾不断，可是这次洪水比以往的水灾都厉害得多。先是大旱，随后又连续发生特大水灾，江水倒灌入蕲河，滔滔洪水如猛兽般冲决了江堤，江河横流，淹没了方圆几百里的房屋树木，蕲河两岸的千顷良田顿时化作一片汪洋。

　　山洪暴发吞噬了无数的村庄田园，人民流离失所，衣食无着，到处是哭声。

　　蕲河两岸一片汪洋，无边无际的水面上漂浮着茅草、枯枝、桌椅板凳、死猪、死牛，饿死的人被水泡得胀鼓鼓的，在水中一沉一浮地漂荡着，呈现一片可怕的景象。

　　好不容易等到大水消退，外出逃荒、讨饭的人陆续返回家园，希望能够在家乡继续生活。

　　可是由于抛尸荒野的饿殍无人收敛，加上腐烂的残枝败叶，淹死的牲畜在烈日的暴晒下蒸起腥风恶臭，迅速地酿成了传染病，并四处流行开了，病魔开始无情地吞噬着无辜的生命。

灾后可怕的瘟疫大肆流行，许多人相继死亡。双重灾难降临在人民的头上，有病无钱医，尸横遍野而无人掩埋。

官府设立的"惠民局"并不能给予人民任何恩惠。

那个吃粮不管事的惠民药局，还是照着它的样子办事，爱开就开，爱关就关。关门的时候，任凭病人们在门外号叫，一概不管。因此，城里城外几个私家医生的担子，也就更重了。

特别是李家的小诊所，由于名气越来越大，来的人更是多，千里之外的病人来求医，登的都是李氏父子家门。

玄妙观里，从早到晚挤满了病人。李时珍帮着父亲送走了一批又一批，父子俩忙得连吃饭的时间都没有。

李时珍怕父亲过于劳累，总要争着多看几个病人。每天晚上，他还要出去给那些病得不能来的人诊治。

那时候，沿城濠地方，水还没有退尽，进出城都要坐船。下船时，李时珍按照过渡的规矩给摆渡的留下一文钱。

那摆渡的早就认识李时珍了，他总是马上把钱拿起来，使劲儿塞还给他，一个劲地埋怨他怎么也给钱啊！

李时珍夜诊归来，摆渡的远远地看见他手里提的那盏白纸灯笼，便马上把船摇过去接他。

招呼了一声后，李时珍坐在船上，静静听着船桨拍水的声音，想起这里街坊人们对他家的情意，想起了自己现在享受的，正是他父亲享受了多年的东西，心里有说不出来的感动。

第二天，李时珍又开始为众人治病，就把什么疲劳都忘记了。

可是，随着瘟疫的流行，对一些重症病人，连玄妙观的丹药也不管用了，李时珍看到这种惨景，心如刀绞。

李时珍和父亲李言闻一道，及早对瘟疫病人进行治疗，力求不拖成重症。他们父子全心全意地为人民治病防疫，经过没日没夜的救护，不知把多少濒临死亡的人从死神手中抢了回来。

可是对于重症病人，李时珍还是一筹莫展，看着病人痛苦地死去，李时珍感到心在流血，虽然白天已经累得够呛，他还是夜不成眠了。

于是，李时珍就认真思考瘟疫的症状，然后点上蜡烛，查询医典，希望能找到一些有效的防疫治病方法。

终于，通过对当时流行的瘟疫进行认真的分析，结合具体情况，灵活运用，李时珍发明了一套治疗重症病人的方法。

这样，李时珍帮助父亲救治了许多濒死患者，而且往往都是立见神效，而且不收一文钱，还倒贴出药材，李家比官办的惠民药局还要惠及平民，父子俩因此得到了人们的感激和爱戴。

李时珍这种出色的疗法，不久就在蕲州医生间流传开来。有一位和李言闻很要好的医生，跑来向李言闻祝贺说："我不是因为你有一个好儿子高兴，我是高兴咱们这一行中，又出来一个人才。这孩子胆大心细，将来一定会干出一番大事业来。老兄，恭喜你呀。这都是你培养出来的。"李言闻听了，真是高兴极了。

在高兴的同时，李时珍还是感到了力不从心，因为父亲的诊所天天被病人包围，李言闻从早到晚忙于诊治，弄得精疲力竭。李时珍也天天累得不行，每天一回家躺在床上就睡着了。

可是病人非但不见减少，反而越来越多，而且重症患者也在增加，这该怎么办呢？

看来，现在最重要的是能够抑制住瘟疫的传播蔓延，只有这样，病人才能越来越少，只靠得病以后治疗，是不行的。

李时珍又开始对预防瘟疫进行思考了，他几乎每天晚上都不沾床，实在瞌睡就打个盹，然后天一亮就又出现在诊所。

一天晚上，父亲看完最后一个病人，回到家中，已是夜半时分，李时珍刚好从外地诊治回来看望父亲。

李时珍兴奋地说:"我在瓦硝坝试行了一套驱逐瘟疫的新方法,很奏效。现在瘟疫在蕲州城南的15个村庄已经制止住了。明早我陪你去看一看!"

李言闻说:"好,要是真能创造出一套办法控制住瘟疫,百姓们就有救了。"

"现在瘟疫这么厉害,可是当官的都不顾人民死活,不闻不问,他们是靠不住的。作为良医,我们不能这样做,我们要像良相一样,负起济世救人的职责。"

第二天清晨,父子俩各饮了一杯能避瘟疫的松叶酒,便出门察访去了。

他们离开镇子,来到城南的村子,只见村里被洪水冲坏的房屋,已经有人着手修葺,村子中来往的行人也多起来,这是大瘟疫流行以来少见的复苏景象。

父子俩随意走进一座四合院,只见院内弥漫着一缕淡淡的烟雾,飘散着一阵阵烟熏的香味。李时珍告诉父亲,村内家家户户每天都要用苍术熏烟。

父亲点头说:"苍术可以除山岚瘴气,去鬼邪。"

四合院的主人见熟悉的郎中父子进院,忙迎了出来。这是一对老年夫妇,老汉身体强健,鹤发童颜,老婆婆正在往一口大灶添柴火,灶上的大铁锅中放着一副蒸笼,冒着腾腾热气。老汉见李言闻诧异,忙笑着说:"蒸笼里蒸的不是馍,是按着贵公子的吩咐,将病人的衣服用蒸笼蒸过,这样,一家人都不会传染疾病了。"

李时珍接着告诉父亲说:"这是我琢磨出来的,古书上没有记载过这种方法,我想为什么一人染病,全家都会传染上呢?不外乎病能够传播。

"通过什么途径传播呢？我以为，一是衣物，二是食物，三是身体。如果能切断这几个途径，瘟疫就传播不起来。

"于是我就想起来，可以用蒸笼蒸病人衣服，用苍术熏烟避瘟，用兰草烧汤沐浴，将麻子仁、赤小豆置于井水中驱邪，饮松叶酒除瘟病。采用这套办法后，瘟病的传播就逐渐缓慢下来了。"

李言闻听了儿子的话，觉得十分有理，他也认为这种方法非常好，值得推广。

李言闻回去后，把儿子在村子里采取的预防办法在疫区推广，果然瘟疫迅速得到了扑灭，百姓重新安居乐业下来。

李时珍认为，医生给人治病固然重要，但预防疾病更为重要。后来，他在《本草纲目》中，仅"瘟疫"一项，就收集有预防传染病流行的中草药达130种之多，并制定既有煮沸消毒，亦有烟熏避疫，汤浴除瘟，又有内服防病等多种多样的预防措施。

在16世纪中叶，李时珍能够提出蒸气煮沸消毒的方法，这是一个历史的创举。

当官府在瘟疫面前都束手无策时，李时珍作为一个民间医生却引导百姓扑灭了瘟疫，而且取得了决定性的胜利。李时珍的名声开始在蕲州一带传播开了。

疫情和灾情过后，李时珍也累得像发过了一次瘟疫，但他的心情是愉快的，他看到了一个能济世救民的医生的价值。

巧用中医理论

李时珍对中医基础理论《内经》和中医辨证论治的经典著作《伤寒论》，都非常精通，并在此基础上博览群书，去粗取精，去伪存真。

经过独立思考，以实践经验总结，李时珍形成了自己系统的中医理论体系。他既继承发展了诸家学说，又在自己的行医生涯中，将其灵活地运用于临床实践。

一天深夜，李时珍被一阵急促的敲门声惊醒。他开门一看，只见一个中年佣人提着灯笼站在门外，乞求说："请先生快去救救我家少夫人。"

李时珍跟着来人来到一个村庄，一户人家敞着大门，几个人正在门前焦急地等候着。

丫鬟将李时珍引进内室，只见一个少妇躺在床上，奄奄一息，一家人围着她急得团团转。

李时珍用手探了探鼻息，已无一丝气息。他又切了切脉，觉察到了一点极微弱的脉息，便说："拿些葱黄和酒来。"

丫鬟从厨房取来一把葱和一瓶酒。李时珍选了一根又长又粗的葱，剥去外层，将葱缓缓插入少妇的鼻中，然后又将酒灌入少妇的口中，突然，那少妇打了一个喷嚏，居然活了过来。满屋发出一片惊喜之声。

李时珍叫人取来文房四宝，开了一张药方，众人一看大吃一惊，一位老者问："巴豆乃下泻之药，我家少夫人有溏痢之症，泻肚子已3月之久，再用泻药……"

李时珍笑了笑，解释道："巴豆性热，味辛，生药猛，熟药缓，能吐能下，能行能止，是可升可降之药。巴豆多用则有戡乱劫病之功，微用亦有抗缓调中之妙。

"巴豆为泻药，这种认识并不全面。只要配合得当，药病相对，巴豆何尝不能止腹泻？夫人之病，其脉沉而滑，此乃脾胃损伤，冷积凝滞所致，以热下之，则去寒止痢。"

果然，病人服药后，溏泻便立止了。

李时珍不仅能辩证地异病同治，也善于同病异治。

有一个有钱人，夏天饮酒达旦，以致腹泻数日不起，同样是腹泻，李时珍根据病因、病理之不同，采取同病异治的方法。

李时珍看了以前医生的处方，多是用利消导升之药，反而使病情加重。

李时珍认为，病是由饮食不节、损伤脾胃、阳气阻遏、水湿内停而导致腹泻，所以用小续命汤之大祛风药，鼓荡被遏之阳气上升，于是收到了奇效。

李时珍在临床实践中，灵活地运用并发展了祖国医学中辨证施治的理论，很快成了一个远近闻名的良医。

千里拜师学艺

　　李时珍的母亲得了病,李时珍诊断是痢疾,就开了几服药让母亲吃。正在这时,李时珍的表兄卢少樊也得了病,李时珍安顿妻子好好照顾母亲吃药,就赶紧去表兄家。因为路远,李时珍当天没有赶回来。

　　李时珍的母亲吃了药,感觉没怎么好转。此时,听到街上有一个铃医走街串巷给人看病来了,就叫儿媳把铃医请进了家。铃医诊断为"虫毒病",开了几丸中药,并说如有什么问题,可到江边小店去找他。

　　老太太吃了药丸,病情很快好转。

　　李时珍回来见母亲的病好了许多,非常高兴,以为是自己开的药见效了。

　　可是,老母亲对李时珍说:"你这个医生只会给别人家看病,看不好自家人的病。"

　　李时珍听了一头雾水,不知道是怎么回事。妻子把请铃医的事告诉了他,李时珍听了,一时也想不明白,为什么自己开的药就不行呢?

李时珍是一个非常虚心好学的人，对铃医也很尊重，所以很想去问问铃医是怎样治好了母亲的病的。

第二天一大早，李时珍就赶往江边小店去请教铃医，可是，铃医已经走了。

原来，那位铃医听说那天他给李时珍母亲看了病，恐怕在名医之门出问题，班门弄斧，也怕惹其他麻烦，因而，第二天早上就买了船票走了。

李时珍问清铃医的模样打扮后，赶紧上船去追。

到了对岸，坐船的人都散了，他东找西找，看见一个匆匆赶路的人，像是那位铃医，就喊起来。

那铃医听有人叫喊，心想自己真的卖药出了毛病，越发跑得快起来。

李时珍紧追不舍，那铃医也大步跑起来。不料，一块石头把他绊倒在地，李时珍这才赶上他，并把追赶他的缘由说了出来。

铃医听了李时珍的话，感动万分。

原来只知道李时珍父子的医术高明，今天看到李时珍为了得到一种治病的方法，不辞辛苦地奔跑，虚心求教的可贵精神，更是钦佩不已。

于是，铃医把给他母亲治病的方法，用的什么药一一说了出来，李时珍详详细细记在了本子上，一再向铃医表示感谢。

有一天，李时珍在水码头行医时，一个四川商人请他看病。

李时珍仔细诊断后，觉得这个人得了绝症，但不好直说，就给他开药，让他赶紧回家，估计不会死在半路上。

大约一年以后，李时珍在蕲州街上行医时又看见了那个四川商人，很是吃惊，因为他之前估计此人活不长的。

那位四川商人也认出了李时珍，连忙行礼问候。

李时珍看这位四川商人满面红光，毫无病色，就问道："你的病全好了？"

四川商人答道："全好了！你看现在一点问题都没有，这次来，就是特意向你表示感谢的。"

李时珍又问道："你是请哪里的医生治的？怎么给你治好的啊？"

四川商人笑道："吃的就是你开的药，只不过我们那里有一个被人称为'赛华佗'的医生，在你的药方上加大了两味药的药量，吃了一个多月就好了！"

李时珍听了四川商人的诉说，就跟家人商量，要去寻找"赛华佗"求教。

父亲李言闻很赞成他这种求贤若渴的行动。于是，李时珍打点了行李，不远千里来到夷陵州（即今湖北宜昌）千方百计打听到了"赛华佗"。

当地的人都说"赛华佗"的医术非常高明，但是他脾气倔犟、孤傲，不容易接近。

李时珍琢磨半天，觉得自己必须诚心请教，耐心勤快。他来到了"赛华佗"的诊室，看到病人格外多，"赛华佗"忙个不停。

李时珍不声不响地站在旁边仔仔细细观察"赛华佗"怎样为病人诊病，从问诊、摸脉到诊断、开药，看得非常仔细，还一一记在本子上。

李时珍看到"赛华佗"非常忙碌，就主动地研墨展纸、擦桌椅、扫地、斟茶倒水，帮助来求医问药的病人。

时间长了，"赛华佗"有点纳闷，这个年轻人为什么这么勤快，也是来看病的吗？"赛华佗"开口问李时珍了："年轻人，你天天到这里来，是要看病吗？"

李时珍深深鞠了一躬，回答说："老先生！我不是来看病的，是有一件事求您。"

"有什么事你说吧！"

"我想在您这儿学徒。"

"学徒？我不需要。"老先生直摆手让李时珍走。

原来，"赛华佗"不久前曾雇用过一个年轻人，可是那人又馋又懒，还偷走了先生的钱。

李时珍央求老先生说："您就一个人，又忙着看病，顾不上吃饭、喝水。我愿意尽力帮助您一把，扫地做饭，收拾屋子，我都能干，只要给我一口饭吃，不要工钱。"

老先生说："你白给我帮工，家里人吃什么呢?"

"我一人吃饱了，全家不饿。"

"原来你也是一个人，除了帮工，你还有什么打算？"

李时珍如实地说出了自己的想法："听说您的医术非常高超，我想在干活之余，跟您学点医道，我想，一个人活在世上，总得学点本事。"

老先生说："我才疏学浅，跟我有什么学的？再说，我一天忙到晚，哪有空教你啊？"

李时珍说："不用您专门教我，您看病时让我在一旁多看看就行了。"

"可是，学医很苦啊，你不怕吗？"

"不怕，再苦再难，我都不怕。"

从那天起，李时珍就开始一边照料老人的生活起居，早起晚睡，一边跟老先生学医，有空的时候，还认真阅读老先生家里的医药书籍。

老先生非常喜欢李时珍，觉得他不仅勤快能吃苦，还勤学好问，忙不过来时，就让李时珍站在旁边帮助开处方。

有一天，一个身患重病的人来就诊。只见病人面如黄土，颧骨凸起，肚子鼓鼓的，病得很厉害。

李时珍一边仔细观察老先生怎么诊治，一边自己思考着应该用什么药。

他想，必须用"砒石"作主药，但不能用量过多，因为砒石经过火炙炼煅就是砒霜，毒性很大。

可是，"赛华佗"开的方子里，砒石的用量是李时珍所想的10倍。李时珍也不便说什么，他想，老先生一定能掌握用量，就按老先生的口授给病人开了方子。老先生又让他留下病人，并照顾病人，以便随时观察。

李时珍把药煎好，帮助病人吃下。过了一会儿，大约一炷香的工夫，病人肚子疼得直打滚。李时珍担心用药量过大，赶紧去找老先生。

老先生镇定地说："不要慌，赶紧给他准备便桶、尿盆，他要大吐大泻了。"

果然，病人又吐又泻，身子一歪便不省人事了。老先生给病人扎了几针，病人慢慢苏醒了过来。老先生又让李时珍给病人熬了糯米粥。

病人好了，李时珍问老先生："砒霜毒性很大，您为什么用那么大量？"

老先生耐心地解释说："砒霜是有毒，但是也可以治病。我开那么大的量就是让他大吐大泻，不然，量小了不管用。"

李时珍明白了药有利和弊两方面的作用，用量要根据病情掌握。从此，老先生让李时珍独自坐堂行医了。

李时珍来了半年多了，老先生一直想与他谈一谈，因为忙没有顾上。有一天，老先生准备了茶点，和李时珍谈了起来。他问李时珍："你在来我这里之前，是不是已经懂医了？"

李时珍不好意思地说了实话："老师，真对不起您，我骗了您。我不是本地人，我是蕲州人。"

"蕲州人？蕲州有一个叫李言闻的医生，挺有名的，他写的书很有用，你回去可以多向他请教。"

李时珍站起来，对老先生说道："实不相瞒，李言闻是我的父亲，我从小就随父学医了。"

"赛华佗"听了之后，惊喜地说："原来如此。看你个头不高，心眼还不少。"

师徒二人越谈越高兴，已经鸡叫三遍了。老先生嘱咐李时珍说："时珍啊！学医就得勤奋好学，刻苦钻研，虚心求教，才能做出一番事业。"

李时珍也激动地说："师父的教诲我一定永记在心里，努力发奋，做一个真正为劳苦大众解除疾苦的医生。"

经过这次千里学医，李时珍的医术更加高明，可以说已经达到了神医的程度了，可是他还不满足，因为他知道，自己还有很多东西不懂，这个世界永远是天外有天，人外有人，只有不断地努力，才能不断地进步。

救死扶伤不忘本

救死扶伤，是李时珍的座右铭，他一生都把这4个字牢记心中。

他一生行医特别关心百姓的疾苦，不仅热心、耐心，认真地为他们治病解除痛苦，而且少收或不收他们的诊费。

有一天，李时珍带上干粮，背上药篓，要到雨湖南岸的山上采药。因为要到对岸，所以他雇了一条小船过湖。小船穿过一片茂密的芦苇丛时，李时珍忽然听到一阵悲惨的哭声。

李时珍吩咐船老大过去看看。船老大不肯，说："现在兵荒马乱，又闹灾荒，寻死觅活的人多了，还是不要去吧！"

李时珍坚持说："我是个医生，怎么能见死不救呢？"

船老大自然不愿意去，他说："那天底下有难的人太多了，你管得过来吗？"

李时珍说："这哭声我们听见了，就应该过去看一看，别人有难处时应该关心。"

李时珍想了想，又说："如果耽误了你的营生，我可以多给你船钱。"

船老大早就听说过李时珍心地善良，扶贫救危，听了李时珍的话更是感动，于是，把小船撑了过去。

原来是一位50来岁的老妇，坐在一条破渔船上，怀抱着一个不省人事的女孩在伤心地哭。

经过询问得知，小女孩的父母因为染上瘟疫双双去世，奶孙二人靠打鱼为生，可是，一般的鱼的价钱很低，只有这南湖里的青背鲫鱼能多卖些钱。二人每天落日时下饵，五更时起钩。今天早上，小女孩突然晕倒。

李时珍跳上渔船，为小女孩把脉，说："孩子没有大病，就是营养不良饿昏了。"

说着，李时珍给小女孩按摩了一阵，小女孩苏醒了过来。李时珍又从自己的袋子里取出面饼、鸡蛋和水。李时珍一边喂小女孩，一边对老渔妇说："这孩子补养补养没事。每天用青背鲫鱼熬汤，让孩子吃鱼喝汤，有十天半月就会好起来。"

小女孩听了李时珍的话，急忙说："我不喝鱼汤，吃些糠菜就行了。奶奶常说，泥瓦匠住草房，卖盐的喝淡汤。奶奶打鱼是为了卖钱还债，我哪儿忍心吃呢？"

十来岁的孩子能为大人分忧，李时珍挺受感动，心想，一定要设法帮助她们。老渔妇见孩子好了过来，从篓子里拿出两条青背鲫鱼酬谢李时珍。李时珍再三谢绝。老渔妇说："你救了我孙女的命，两条鱼算得什么！"

李时珍转念一想，有了救助小女孩的办法。于是，李时珍接过了鱼说："我很爱吃青背鲫鱼，这样吧，从明天起，让孩子每天到街上卖鱼时给我送两条来。"

第二天早上，小女孩果然按时送来了两条青背鲫鱼，小女孩放下鱼就要走。李时珍追出门把小女孩叫了回来，把鱼过了秤，连同昨天的鱼，给了小女孩4条鱼的钱。

李时珍的妻子端出一碗热气腾腾的青背鲫鱼汤，让小女孩喝了下去。就这样，每天让小女孩喝一碗鱼汤，一个月后，果然病好如初，恢复了俊美如花的少女面容。

又有一次，李时珍到雨湖对岸的乡间行医。当他走到一座小桥跟前时，看见木板小桥已被水冲垮。这时，他忽然听背后有人喊道："你是李先生吧，来，来，这里水浅，我背你过去吧！"

李时珍转脸一看，一个五大三粗的汉子已经来到跟前，不容分说，背起李时珍就蹚水过了河。

过了河，李时珍向那汉子道过谢，才发现那汉子面色灰暗，像是有病。李时珍对他说："我看你脸色不好，我给你切切脉吧！"

那汉子说："我没病，能吃能喝，一顿饭吃3斤肉，喝两斤酒，还得吃两斤饭。"

但汉子知道李时珍是当地的名医，热心救危扶贫，对李时珍非常尊敬，还是让李时珍切了脉。

李时珍切过脉对那汉子说："你的病在筋骨，现在还未发作。我给你开个药方，回去连服三剂，保你平安。"

几个月后，李时珍行医又路过那汉子住的村庄，想打听一下那汉子的病情。谁知那汉子现在已病重，一家人正哭得死去活来。有人劝李时珍："不要再去他家了，他家里人说服了你的药不管用，你何必再讨没趣。"

李时珍心想，越是这样越应该去。他来到那汉子家一看，大吃一惊。只见那汉子下身肿大，腿脚肿得如柱，不能活动。一问才知道，那汉子没吃他开的药，等病重了再吃，不管用了。

那汉子的妻子哭着一再恳求李时珍给他治疗。李时珍说，当初我开的药是预防的,如果吃了,不至于这样,现在再吃那药当然不行了。好在他的病还没到晚期,治还来得及。

怎么治呢？其实也不难。李时珍说,把雨湖中的青背鲫鱼加上金荞麦煮熟,吃鱼喝汤,坚持一个月就行。

金荞麦是什么,到哪儿去找？李时珍又带着那汉子的家人到山上去找金荞麦。那汉子的病就这样治好了。

巧治贪官怪病

李时珍身为一位医生,不仅医德高尚,而且心系民众。

他虽然救死扶伤,但对贪官恨之入骨,总是费尽心思地整治他们。

李时珍能治百病的名声已经越来越大,县官也知道了他。

有一个县官得了一种怪病,久治不愈,就派人去请李时珍,并承诺如果治好了病,便以百两纹银相送。

李时珍来到了县衙,进到内室,县官正坐在太师椅上,夫人、丫鬟和管家等站立两旁伺候着。

县官见李时珍个子不高、衣着破旧、其貌不扬,就问:"听说你医术高明,能治好我的病吗?"

李时珍知道县官不相信他,就答道:"草民不知大人患了何病,有何症状?"

县官自知理亏,不应问人家能不能治好病,就把病情告知了李时珍。

李时珍又把了脉,心中有了数,就说:"你没有什么大病,只是吃人参、鹿茸、鳖甲太多了,补过了头。"

县官急着问:"我得的是什么病?"

李时珍说:"您的病一不烧,二不冷,不疼不痒。"

县官不耐烦了,又问:"我到底得的是什么病?我昼不思食,夜不能眠,浑身酸懒,有没有办法可以医治啊?"

李时珍不慌不忙地说:"您的病不是胃病,也不是腿病!"

站在一旁的夫人、丫鬟和管家也急了。管家说:"您说是什么病啊,赶紧开方我们好去抓药嘛!"

李时珍一本正经地说道:"我说出大人的病症可不要见笑,如果说对了,请大人开怀大笑,等病治好了,可得赏我重金。"

县官听了,立即说:"没问题,你要治好了我的病,一分银子也不会少给你。"

这时,李时珍一脸严肃,对县官说:"您得的是妇女病,我给你开个药方,坚持服用半个月,保证病能治好。"

县官怒道:"不要再说了,你这是拿本官开心!来人哪,把他轰出去!"

李时珍被衙役推搡着,一边往外走一边说:"大人说我的诊断是笑料,那就笑吧,15天后我来取诊费。"

李时珍走后,县官一想起李时珍的诊断就禁不住大笑,家人也笑得前仰后合。每次大笑之后,县官就觉得肚子咕噜咕噜有饥饿的感觉。

一开始只是喝点稀粥,几天后也能吃干饭了,晚上也能睡觉了。半个月后,县官吃睡正常,病真的好了。

这一天,县官全家在庭院里摆席庆祝怪病大愈。管家向县官禀报,李时珍前来讨要看病的酬金。县官对李时珍说:"你并没有开出药方治好我的病,还要什么酬金?"

李时珍哈哈大笑,说道:"我既看准了你的病,又给你开了药方,你的病才好的。"

县官又说:"你说看准了我的病,到底是什么病?你说给我开了药方,是什么药方?"

李时珍不紧不慢地说:"你的病是气闷抑郁之症。"

县官问道:"那你为什么说我得了妇女病?"

李时珍又笑着说:"这笑料就是我开的药方、奇方。你的病只有用大笑来治。笑一笑十年少,常常大笑,能排出郁闷之气。我不这样说,您怎么能笑呢?您说,您的病是不是这样好的呢?"

县官无言可对,只好让管家拿出酬谢纹银。

神医知人生死

随着理论和实践的深入,李时珍的医术不断得到提高,有的时候,他甚至能够"起死回生"。

当然,并不是李时珍真的能起死回生,而是病人看起来死了,其实还没有死,一般的医生根本诊断不出来,家人也就以为真死了。

一天,李时珍到城外出诊回来,路过湖口的时候,见一群人正抬口棺材送葬,一个老妇人哭得死去活来。

对于这样的场面,李时珍见得多了,所以也没太在意。不过正当他要快速离开的时候,看见了地上有一道血迹。

凭着医生的直觉,他看出来,这血不是淤血而是鲜血。他再往人群中看,发现血正是棺材中流出来的。

李时珍迅速断定,棺材里的人还没有死,很可能还会活过来。不过,如果没人救,那就难说了。

于是,李时珍赶忙拦住人群,大声说:"快停下来,棺材里的人还有救啊!"

众人听了，面面相觑，彼此都不敢相信。那个老妇人正在痛哭，听人这么说，不由得也不哭了，直盯盯地看着李时珍，不过她还不相信李时珍的话。

这时，有的人说："人已经死了，再开棺惊动故人，这不是太不吉利了吗？"

有的人又说："万一棺材里的人还真活着，这么下葬不害人吗？"

一时间大家议论纷纷，拿不定主意。

里面许多人都认识李时珍，可是他们也并不相信李时珍说的话，而且有的还担心李时珍闹出笑话，劝他不要管这件事。

李时珍当然看出了大家的心思，于是便反复劝说，终于使主人答应开棺一试。

等打开棺材后，李时珍看到，里面是一位孕妇，他立即对病人穴位进行了一番按摩，然后又在她的心窝处扎了一针。

大家都围着棺材，还有许多过路的，听说这里给死人看病，也都纷纷过来看热闹。

等忙完后，李时珍就和大家聊天，看病人有什么反应。

不一会儿，就见棺内的妇人轻轻哼了一声，竟然醒了，于是，人群欢动，都说李时珍真是神了！

那个老妇人更是给李时珍磕头感谢，说李时珍真是个活菩萨！原来，棺材里面的是她的女儿，由于难产"死"了，现在李时珍竟然又把她救活了。

李时珍立即又给病人开了药，过了不久，这名妇女又顺利产下一个儿子，于是人们都传言李时珍一根银针，救活了两条人命，有起死回生的妙法。从此，李时珍开棺救母子的故事，就传遍了天下。

长期的从医经历，让李时珍练就了一双火眼金睛，他甚至一眼就能够看到一个人身体里潜在的疾病，不管这个人外表看起来多么健康。

李时珍在以一根针救活母子两人后，许多人都想见一见这位神医。一天，有家药店老板的儿子正在柜台上大吃大喝，听说了之后，也想去看看热闹。

药店老板的儿子费了好大力气终于挤到李时珍面前，问道："先生，你看我有什么病吗？"

李时珍抬头看了一眼，觉得这个年轻人虽然看起来很强壮，但气色不好，赶忙给他诊脉。过了一会儿，李时珍十分惋惜地说道："小兄弟，可惜呀，年纪轻轻，活不了3个时辰了，请赶快回家去吧，免得家里人到处找。"

众人都不信，那个药店老板的儿子更是气得七窍生烟，破口大骂道："你是咒我死吗？我看你是神医，才来与你说说话。我刚才都能喝半斤酒，吃四大碗饭，并且能纵身跳上柜台，翻身下来。"

众人听了，也觉得李时珍这话说得奇怪，都面面相觑，不知究竟。李时珍见老板的儿子如此说话，也就不再理会。

后来在众人的劝说下，药店老板的儿子才气咻咻地走了。

大家也都没有在意，认为李时珍这次肯定说错了，可能因为同行是冤家的缘故吧，因为毕竟都是开药铺的嘛！大家也都各自回家了。

但是，事实还是不可避免地发生了，不到3个时辰，那个药店老板的儿子便死掉了。他们家里人的哭声证明了一切，李时珍把人"看死了"的事情，迅速传遍了全城。

众人急忙询问李时珍这是什么原因，李时珍说，这是因为他刚才吃饭过饱，从柜台上纵身向下跳时，将肠子震断了，以至内脏受损，面部气色变紫了。

李时珍一眼就看出来了，再仔细一诊断，知道没有救了。因为肠子断后内脏受损，在当时是无法医治的，果然，不到3个时辰，老板的儿子倒在地上死了。

由此，人们更是惊叹李时珍的神奇医术了。

惩治贪官污吏

　　李时珍非常同情广大的贫苦人民,他为老百姓治病,继承了父亲李言闻的高尚医德。病人有钱给治病,没有钱也照样给治病。
　　但是,李时珍对那些欺诈老百姓的贪官污吏却并不是那样热心。
　　有一年除夕,李时珍从武当山采药回来,刚走进家门,还没有歇脚,门外就有人高声叫道:"李时珍在家吗?"
　　李时珍认为是老百姓在找他,他一向热心救死扶伤,随叫随到。这时也顾不得身体疲乏,急忙把门打开,没想到却是州官的差役马三。
　　这马三经常狗仗人势,坏事做绝,那州官也是一个经常欺凌良民、无恶不作的家伙。
　　李时珍顿时冷冰冰地问:"马大人到此,不知有何见教啊?"
　　马三说:"州太爷传唤你,不说你也该知道。"
　　李时珍说:"难道太爷患了什么病吗?"
　　马三说:"太爷福体健康,能有什么病吗?"
　　"那么,太爷是想到我这里取长生不老的药方啰!"李时珍鄙视地回答说。

"正是！李时珍呀，你真是名不虚传的神医，一下子就猜中了太爷的心病。那就请你快点，去为太爷效劳吧！"

马三说着就催促李时珍马上上路。

李时珍说："马大人，请您回禀州太爷，今天是除夕之夜，实在是不便走开，我全家人都要团聚。这样吧，我给您开一个处方，请您带给太爷回去交差。"

说完，李时珍便回到屋内拿起笔来，写了一个方子，交给马三带回去。

李时珍还专门叮嘱这个马三说："可千万不能弄丢了！"

这个马三也不识字，还认为李时珍给开了个什么秘方，非常高兴地揣进了怀里，生怕弄丢了。

州官见到李时珍给写的方子，连忙打开来，一看上面写着：

千年陈谷酒，万载不老姜，隔河杨搭柳，六月瓦上霜，连服三万七千年。

州官见后，气得暴跳如雷。这方子上面任何一条都无法实现，这哪里是什么方子，实际上是捉弄州官的。

本来李时珍就憎恨那些所谓的长生不老的方术，趁此机会给了州官一个教训。

对那些人民痛恨的人，李时珍从来不趋炎附势。

一天，两个官差来请李时珍去为县官苟步云看病。县官苟步云是蕲州一霸，百姓对他恨之入骨。

李时珍到县衙门后，县官躺在床上。李时珍先为他切脉，然后说："大人六脉正常，并无任何别的病，只是身体肥胖，将来这样下去一定会有不测。"

县官说:"只要你能把我的病治好,你要金有金,要银有银,我能满足你的任何要求。"

李时珍说:"我为人治病,向来不收额外的报酬。我只要求病人能严格按照我的处方治病就行。"

"那就请你开处方吧,我一定按照要求去办。"县官说。

李时珍说:"我的处方,一不用服药,二不用扎针,只有3个要求,希望你能办到。"

一要不能吃鱼,不能吃肉。二要每天步行30里,到民间老百姓那里去走一走,看一看,听一听。三要用高价收购穷苦农夫、车夫、轿夫、渔夫的破毡帽,然后烧成灰,与蜂蜜一起煎熬成明芝明膏(意指民脂民膏),每天坚持服用。

县官听后,明知李时珍在指责和捉弄他,但也无可奈何,只得哼哼哈哈地把李时珍打发走了。

还有一次,一个经常欺压百姓的县官找李时珍看病。其实他根本就没有病,只是年龄大了,听说李时珍医术高明,就想从他那里得到些延年益寿的良方。

李时珍来到县官家里才知道,县官根本没病,而是向自己求什么长寿方的。

李时珍早就听说这个人是个贪恋酒色的昏庸之辈,而且平时总欺压百姓,于是佯装允诺,取过文房四宝,开了一剂药方。

药方是这样写的:柏子仁3钱,木瓜2钱,官桂3钱,柴胡3钱,益智3钱,附子3钱,八角2钱,人参1钱,台乌3钱,上党3钱,山药2钱。

写毕，李时珍笑着递给那个县官，说吃了定会高寿。那个县官一高兴，还拿出了一钱银子给李时珍作医药费，这个贪官出钱，那可是少有的，他平时买东西是从来不付账的。

第二天，那昏官将药方交与师爷去抓药。师爷仔细一看，忙说："大人，您被骂了！"

然后，师爷道出了其中的奥秘。那昏官一听，气得直拍桌子。

原来，将这剂药方每味药开头第一个字连起来读，其谐音就成了"柏木棺材一副，八人抬上山"。

决定重修《本草》

一天，李时珍正在诊病，突然一帮人吵吵嚷嚷地拉着一个江湖郎中涌进诊所。

为首的年轻人愤愤地叫道："李大夫，你给评评理！我爹吃了这家伙开的药，病没见好，反倒重了。我去找他算账，他硬说药方没错。我们信得过你，你给看看。"

说着把给父亲煎药的药罐递了过来："喏，这就是药渣。"

李时珍抓起药渣，一一仔细闻过，又放在嘴里嚼嚼，自言自语道："这是虎掌啊！"

那江湖郎中一听虎掌，慌忙分辩说："我绝对没有开过这味药！"

"那肯定是药铺弄错了！"

年轻人说着，就要往门外冲。

李时珍忙拉住他，说道："别去了，这是古医书上的错误。就以《日华本草》的记载来说，就把漏篮子和虎掌混为一谈了！"

"对，我开的是漏篮子！"江湖郎中急急地插了一句。

"是啊，药铺有医书为据，打官司也没用。"众人慨叹了一阵，只得把江湖郎中给放了。

通过这一件事，李时珍深深地感到，由于医书记载的混乱，即使医生的医术高明，处方再好也治不了病，反而会害人。他内心里有了一个模糊的想法，就是担任起一项艰巨的工作，编写出新的《本草》来，不过他还有点不能确定是否有这个必要。

无论在采药、读书，还是看病时，李时珍每每遇到一件有关药材的事，都要思考这样一个问题：为什么不能编一部超过《证类本草》的书呢？

李时珍是一个好寻根究底的人，在参阅对照前人的著作时，一方面敬佩先辈们作出的巨大贡献，同时，在另一方面也发现他们在理论上、观察上存在一些错误，需要补充和纠正。

另外，书本在传抄刻印过程中，也产生了不少错误的地方，需要校勘和整理。

有一次，李时珍到黄州城的书市上看看有没有新近刊出的书籍。回家时，路过官医局的门前，看到一位农村老汉提着一包药匆匆走出官医局的大门。

这时，从门内出来一位医师，高声地对老农说："老丈，你在煎这剂药时，等到水开了3次之后，一定要放一块锡进去，轻轻搅拌一下，再等药沸腾一会儿药才算煎成了，千万不要忘记啊！"

李时珍在旁边听了这话，不禁大为诧异。他心想：我看过不少药书，还没有见过有如此煎药的方法。

于是，李时珍走上前去，对那位医师拱了拱手，说："老先生，您吩咐那位老丈，叫他在汤药中放进一块锡，不知是治的什么病？"

老医官看到站在面前的是一位恭敬的年轻人，就微笑着说："小老弟，你是不放心还是对这味药感兴趣呀？老朽我虽然无能，但开处方时总是根据古人的成法，半点也不敢胡来。"

说完，老医官从左边的衣服袖口内抽出一卷书来，递给李时珍，说："你看看这本书上的记载就明白了。"

李时珍接过那本书，在老医官指点的那一面上，看到果然清清楚楚地写着"本药煎至三滚后，投锡一块"几个大字。

李时珍困惑不解地对老医官问道："锡在这剂药中起什么作用呢？"

老医官又笑了笑说："医者，意也。在这里古人的深意我猜度不了。老朽学识浅薄，未能深究到底，但是，既然书上是这样写的，我想自然有它的妙用吧。"

说完，老医官拿回书拱拱手就走进了官医局。

李时珍在回家的路上，百思不得其解，因为锡与那剂药毫无联系。

一到家，李时珍马上将这件事告诉了父亲李言闻，他说："父亲，我今天在官医局门口看到一个奇怪的投药方法：汤药煎到三滚后要投进一块锡。而且，在老医官拿的一本医书上就有这样的记载。"

李时珍接着说："父亲，您见过这样的方剂吗？"

李言闻听了，低头沉思了一会儿，马上转身从自己藏书的地方取下一本书，翻了几页，指着上面说："是这个处方吗？"

李时珍接过来一看，上面写了十多味药，一个字也不差，与老医官的书上记载的完全一样，并且在末行也有"投锡一块"几个字。

只是在紧接着，有一行小字批注道："这里的'锡'应为'饧'字误刊，应根据顾府所藏明初刻本改正。"

原来，当时称用粮食熬成的糖为"饧"，处方上"投锡一块"不过是说在药煎好之后，放进一块饧糖。把"饧"误刊成"锡"，就变成了连老医官也不懂的"古人妙用"。虽然这样不会对药用本身有较大的影响，但却显得极其滑稽荒谬。

不久，又有这样类似的事情发生，这一桩桩、一件件药物误人的事，在李时珍心中激起巨大的波澜。李时珍知道，《本草》也有很多错误的地方，他想认真地对《本草》进行一下全面研究。

《本草》是我国古代专门讲药物的书，所谓本草就是中药材的代名词。中药材的种类极为繁多，鸟、兽、虫、鱼、金、石、草、木，很多都可以入药，其中以草本类植物占多数，所以称中药材为本草，将介绍中药材的书称为《本草》。

我国流传最早的药书是汉代的《神农草本经》，它总结了秦汉以前我国古人研究药物的成果，记载了365种药物。

从那以后到明代的1000多年里，本草学有了很大的发展，人们掌握的可以治病的药物逐渐增多，分类也日趋严密。

南朝时期的医学家陶弘景写了本《名医别录》，在《本草》原有基础上，补充了魏晋时期治病常用的药物365种。

唐朝的李勋、苏恭等人，奉皇帝旨意，参照前人的《本草》，又增添新药114种。

宋朝的刘翰、马志编著的《开宝本草》，掌禹锡、林忆编著的《嘉祐本草》，均增加了许多外国药物，其他如《图经本草》《证类本草》《救荒本草》《食物本草》《海药本草》等，都从不同方面有所增益。

特别是名医唐慎微编著的《证类本草》，采古今单方，收入经、史、百家中有关药物达1558种，是李时珍的《本草纲目》问世以前最完备的药书。

但是，即使是唐慎微的《证类本草》，这本在当时医药界公认的"全书"，仍然瑕疵不少。

如《证类本草》将葳蕤说成是女萎，其实，这是两种形态、药性都不同的植物。

葳蕤是一种多年生草本植物，它的叶子很像竹叶，绿白色的小花生长在叶柄间，像一个个吊着的小铃。入药用它的根，可治虚劳寒热等症，代替党参、黄芪作补药。

女萎是藤本科植物，茎长10米左右，也称为万年藤，叶对生，开小白花。根、茎、藤都可以作为药，主要作用是解毒，可以治疗霍乱、痢疾，能排脓、消水肿等。

然而唐慎微在书中却说葳蕤就是女萎，这是一个不应当有的错误。认真负责的李时珍，看到这些地方，不免要摇头了。

同样在《证类本草》中，提到了一种叫虎掌的植物。它的根有拳头或鸡蛋那么大，四边有圆牙，像虎的脚掌，便叫虎掌。

唐朝人根据虎掌又圆又白，像明亮的老人星的特点，又将它叫做天南星。唐慎微没有弄清楚其中的关系，竟把同一种植物的两个名字当作两种植物记载下来。

再有，兰花与兰草，前者属于兰科，只供观赏，后者属于菊科，可当药用，而前人有人作《本草》时没有认真观察植物，光看到兰字相同，便想当然地把它们合为一体。

李时珍越研究，越感到问题的严重。他想，由于药物上的混乱，即使药方开得很好，药弄错了，仍然达不到治病的目的。弄得不好，还会闹出人命来，这些重大错误，非纠正不可。

陶弘景的《名医别录》中，将旋复花当作山姜。冠中爽的《本草衍义》中，把卷丹和百合混为一谈。

有一次，一个医生给癫狂病人开了一服药，其中用了一味药叫防葵，没料到病人吃了很快就死了。

又有一次，有个医生给一个身体虚弱的病人开了味叫黄精的补药，病人吃了也死了。

李时珍对这两件事很感兴趣，于是作了深入研究，后来发现有本药书上把防葵和狼毒、黄精和勾吻搞混了。狼毒和勾吻都是毒性很大的药，把它当成补药，还能不死人！

还有泽泻这种药，是不能久用的，但有的药书上却说："久服面生光，能行水上"，"泽泻久服身轻，日行五百里"。这种骗人鬼话竟被收进医书里，不知有多少人深受其害！

毫无疑问，古医药书籍蕴涵着丰富的知识和宝贵的经验，但也确实存在着一些漏误。若不及早订正，医药界以它们为凭，以讹传讹，轻者会耽误治病，重者要害人性命啊！

另外，从《证类本草》问世到李时珍时代，已过了400多年。在这400多年中，药物知识有很大发展，医生和民间都发现了许多新药。

另外，由于矿业生产的发展，还出现了许多矿物新药。

同时，由于明代对外贸易和航海事业的发展，从国外传来许多新药，叫作"番药"。这些新药在一些杂书上有零星记载，但错误百出，需要审定。

李时珍想，《本草》的混乱，造成药物的混乱，即使我们的药方开得再好，药抓错了，也照样给病人造成危害。看来，重修《本草》的事情，已经刻不容缓了。

特别是漏篮子事件，使李时珍更是非常激动。

一天晚上，李时珍想来想去，睡不着觉，就跑去敲父亲的房门。李时珍想把存在心里很长时间的问题和父亲谈一谈。

李言闻被叫醒了，他点上蜡烛，披着衣服走了出来。

这时已经是深夜，只见月光如水，烛光摇曳，李时珍和父亲在灯下倾心而谈。

李时珍等父亲坐下，不好意思地说："爸爸，我有一件事情一直闹不明白，我想问问您。本草既然有好几百年没有修过，为什么就没有人想到修一部新的？"

李言闻笑着说："你就是为这个把我喊起来的吗？"

李时珍不好意思地笑笑，说："对不起，爸爸。可是我心里实在很着急。爸爸，药方上又老是出毛病，《本草》不重编是不行了。"

父亲问道："你的意思是怎样？"

"依我说，应该赶快修一部新的，把我们见识到的东西都给添上去，把前人讲错的都给改正过来。"

听了儿子的一番宏论，李言闻思考良久，最后他这样说："修《本草》这个建议很好，但是工程太浩大了。"

"只要努力，多花些时间和工夫也就是了，难道天下还有办不成的事情吗？"李时珍坚定地说。

李言闻笑笑，说："你不要把事情看得太容易了。编一部《本草》，必须把全国出产的药物，都重新查访过，那要花多大的人力财力，谁有那么大的力量！"

李时珍带着怀疑的口气问道："那么，唐朝人、宋朝人又是怎么干的？"

李言闻打断儿子的话，说："你难道不知道，那是朝廷修的吗？只有朝廷才有这个力量。"

李时珍兴奋地说："那我们也去请朝廷修。"

听了李时珍的话，父亲沉吟了很长时间，然后说："要重新编一部新《本草》，不仅要把历代《本草》和诸子百家的书籍研究透彻，还要把全国出产的药物一一重新考察清楚，需要花很大的力气。

"历代《本草》的修订，大多是朝廷出面修的。黄帝命令岐伯调查百草药效，修订《本草经》，写作《神农本草经》。编著《名医别录》的陶弘景，原来就做过官，后来退隐深山，但仍和梁武帝交往密切。

"唐高宗命令大臣李勋，组织苏恭等人，在《名医别录》等药书的基础上，将《本草》从3卷增加到7卷方成《唐本草》。宋太祖命令医官刘翰重新详校《本草》，宋仁宗再下诏令补注《本草》，这才有了《开宝本草》《嘉祐本草》。"

所以，最后父亲告诉李时珍："只有朝廷出面，才有重修《本草》必需的人力、财力、权力。有的人虽是以个人名义修《本草》，那也是因为这些人有钱有势，得到朝廷扶持。像我们这样的人家，历史上还从来没有人修成《本草》的。而且现在我们家，谁能与朝廷说上话，你还是我？"

李时珍听了父亲的话，更清楚了修《本草》的艰辛，这可能比他原来预期的还要难很多倍。

但是，李时珍想重修《本草》，想给从古至今的药物学作一次伟大总结的愿望，并没有因此打消，相反却更加坚决了。

李时珍想："前人可以请求朝廷帮助修《本草》，我们也可以找机会上奏朝廷。即使朝廷不支持，我也仍然要重修《本草》，事在人为，谁也动摇不了我的决心。"

回到自己房间后，李时珍又进行了思考，他最后认为：这既然是一件对医学、对老百姓都有好处的事情，就不能因为朝廷不管而谁都不管。而且，就算是朝廷修，也总得有人力、有一班人干，那自己就先准备做这件事吧！

现在的李时珍已经隐隐地把这个责任担负了起来。他在行医和读书时，更加留心一切和《本草》有关的材料，随时把它们记录下来。

明代嘉靖二十九年（公元1550年），李时珍33岁，他立下了雄心壮志，不怕任何艰难险阻，一定要重修《本草》。

　　李时珍深深懂得，要实现重修《本草》的宏伟志愿，依靠现有学识、经验是远远不够的，于是一个庞大的计划在他心中逐渐成熟了。

　　李时珍决心要苦读 10 年书。从"子、史、经、传、声韵、农圃、医卜星相、乐府诸家"的现有典籍中积累知识。

　　另外，还要广采四方，漫游天下，增长见闻。

　　从猎户那里学习有关野兽的知识，从樵夫那里学习有关山野植物的知识，从农民那里学习有关农业生产的知识，从游方铃医那里学习有关防病治病的单方验方。

　　李时珍相信，真正的医学在民间，他决心从民间吸取医学的真谛，开创重修《本草》的伟大工程。

名声越传越远

这时,李时珍的名声已经越传越远,常常有人从千八百里以外的地方,跑来找他看病。

一天,李时珍从外面看病回来,路过大街,看见一位推车的大汉,正向路边的一户人家要一碗开水给他老娘喝。他的老娘显然生了病,躺在车子里不停地呻吟着。

街上的人问道:"看样子,你们来的地方很远啊?"

那个汉子扶起母亲喝水,一面答道:"可不是!我们是从宝庆府来的。"

李时珍走过去,弯下身子,仔细地看了那老妇人一会儿,见她的眼珠发黄,知道她病了很长时间,脸上不由得露出了关心的神情,问道:"你们要到哪里去呢?"

那个汉子答道:"不到哪里去了。我们就是到这儿来找一位大夫的。"

"他叫什么名字?"

"李时珍。"

街上的人都笑起来说:"这你可问着了,他就是李大夫。"

大汉非常惊喜,愣了一下,忙告诉他母亲说:"妈!他就是李时珍大夫。"

老妇人愁苦的脸上,不由得露出一丝笑意。她吃力地向李时珍点点头,又指指自己的胸口,好像在告诉李时珍,她那儿非常难受。

李时珍安慰她说:"不要紧,不要紧,现在就到我家去吧!我现在就给你看。"

然后,李时珍把母子二人接到家里,给他们安排了住的地方。他尽心地给她诊治,一直到快完全好了,才让他们回去。

像这样的事情,常常会发生。李时珍不仅要给他们看病,还要负责给他们安排吃住的地方。

为了实现重修《本草》的宏伟志愿,李时珍感到,现有的学识、经验远远不够,于是他作出了一个庞大的计划。

这时,李时珍还收蕲州人庞宪、黄梅人瞿九思为徒,作为自己的助手。

李时珍为自己所规定的博览群书的范围很广,父亲的藏书,顾家及郝家的藏书显然已不能满足他的需要,正在他为之苦恼的时候,想不到的机会却来了。

原来,湖广首府武昌,住着一个皇帝的宗室朱英燎,他被封为楚王。楚王的儿子患了抽风病,经常犯病昏倒,可是找遍武昌名医都未能治好。

由于李时珍的医术高超,名气越来越大,传到了武昌,楚王知道后,抱着一种侥幸的心理,专程派人到蕲州来请李时珍。

这天,在李时珍的家中,来了两位贵客,一位是本地的乡绅,另一位是王府打扮的官员,乡绅对李时珍和李言闻介绍说:"这位是楚王府的钱差官,来请李时珍去的。"

钱差官向李时珍拱拱手说:"我是从楚王府来的。我们的世子病势不轻，王爷和娘娘都在盼着，请李先生赶快动身到武昌楚王府去。"

说完，钱差官用手向门外一招，两个侍卫捧着一只大金盘走进来，上面放着4锭银子和4匹锦缎。

钱差官说："这是王府为你准备的路费，请你收下。"并很恭敬地行了一礼。

乡绅在一旁说："这可是咱们蕲州几十年没有过的事情！李时珍，您这是一登龙门，身价就上10倍啦。"李时珍听后，走到一边，去和父亲李言闻商量。

李时珍犹豫地对李言闻说："父亲，我走后这里的病人可怎么办？"

李言闻说："时珍，去吧，这里的一切都有我呢。"并低声说，"你可以去那里多见识见识。"

李时珍虽然对王府的显赫权势有着很大的反感，但他对于求他治病的人却从不分贵贱，一视同仁，又加上武昌是人文荟萃的省会，楚王府是皇帝的近族，藏书必定很多，这一点对他有很大的吸引力。而且路程不远，溯江而上，遇到顺风不用两天就可以到达。

于是李时珍对钱差官说："好吧，我收拾一下行装就走。"

钱差官听李时珍愿意去，露出了得意的笑容。等李时珍收拾好行囊之后，便同钱差官等人一道到了繁华的武昌城。

在楚王府看病

到达武昌后，王府用礼车将李时珍接到楚王府的角门前。

最后，车子停在了一个院子门口，钱差官下了车子，向车里的李时珍招呼说："李先生，请您稍等一下，我去禀报王爷。"

在丫鬟的带领下，李时珍走进世子的卧室，他看见世子正躺在奶妈的怀抱里，脸色发青，正在发病之时，已经失去了知觉，旁边面带愁容的王妃守在一边。

世子是个10岁的孩子，病得瘦骨嶙峋。李时珍拿起世子的手切脉，然后扒开世子的眼皮，对世子进行了全身的视诊后，就走了出去。王妃也跟着走出了世子的卧室。

到了世子卧室旁边的小厅中，李时珍对王妃说："请问以前给世子看病都用了什么方子啊？"

王妃请侍女拿着一些方子给李时珍。

李时珍仔细看过方子后说："这些方子有些问题，世子的毛病不能再耽搁了。"

楚王在一边显得极不耐烦，瞪着眼说："那你就开你的方子好了，别净说那些。"

王妃在一旁，急忙用目光向陆长史示意，陆长史抢上一步，走到医案旁边，弯腰说："李先生，您到这里来开方子吧。"顺手将砚台盖子揭开来。

李时珍道一声谢后，坐下去，慢慢地磨墨，一边仔细地思索。

片刻之后，李时珍下笔如飞，将方子开好。陆长史将方子双手递给王妃，可是王妃看后不肯收下，叫李时珍面见楚王。

楚王看了李时珍的药单子，不解地问："以前医生开的药方多用沙参，你为何用人参？"

李时珍对楚王解释说："世子患的是癫痫病，治起来很麻烦。这种病可分为两类，一类是因热引起的，一种是因虚引起的。世子的病属于后者。沙参用于驱火邪，除肺热，是首选主药，但世子是风虚引起的，需补肺虚，人参则是对症的主药。

"我查了以前医生为世子开的药方，他们都是将世子的病当作因热起，把药用反了。本来，肺虚当补，反而当成肺热开泻药驱火邪，怎么治得好世子的病呢？"

李时珍继续说："现在我以人参为君，做主药，以辰砂、吟粉为臣，做辅药，以猪心血为佐药。人参甘温，能补肺中之气。肺气旺则四脏之气皆旺，精气自生而形自盛。辰砂能够养精神、安魂魄、润心肺、止抽风，帮助人参治癫痫症。再发挥吟粉、猪血的作用，世子的病自然会痊愈的。"

李时珍这番话，说得楚王连连点头。

一会儿药煎好了，王妃亲自给世子服下，李时珍又让人用醋调和韭菜汁滴进了小王子的鼻子。服完药后，李时珍走进了王府的院子中，楚王回到了书房。

不一会儿，世子的奶妈和几个府医冲进书房，慌张地对楚王说："世子服用了李时珍的药后，吐得不得了，娘娘急得直哭。"

楚王一听，霍地站起来，吼道："府医，这是怎么回事？"

府医赶忙凑上前去说："府里有那么多贵重的药，李时珍都不用，却拿那些乱七八糟的东西灌世子，世子千金之体，哪里受得了！我们不知他安的是什么心！"

楚王一听，大声说："这家伙大概活得不耐烦了，叫他来！"

李时珍被人带到书房，楚王用手指着李时珍说："李时珍，你知道吗？世子吐得不得了啦！"

"时珍正要向王爷道喜呢！"李时珍道。

楚王竖起眉毛，说："你是要世子死了才高兴吧！"

李时珍用严肃的声调说："不！世子吐了，就有救了。"

楚王愣住了，说："什么？你简直是疯了！"

接着大声对手下的陆长史说："陆长史！你给我把李时珍带下去，限他三炷香的时间把世子给治好。到时候，世子不醒过来，就把他关起来！"

陆长史连忙说："是。"

三炷香一支接一支点在世子卧室旁的小厅中，李时珍和陆长史等人静等着。

不久，拥在奶妈怀里的小世子睁开了双眼，对一旁的王妃怯弱地低声喊了声"妈"。王妃激动得情不自禁地扑在世子的身上，李时珍等人也露出了笑容。

李时珍又给世子开了一服含常山、牡蛎、木香等药，给世子煎服，世子服药后，身体日渐好转。

一个多月之后，世子的健康状况就完全恢复正常了。

楚王大喜，于是又请李时珍为自己治病。原来，楚王患有便秘症。每逢解便，疼痛难忍，苦不堪言。30多年来，请了不知多少名医诊治，都没有显著效果。

李时珍观察楚王，只见他身体肥胖，平时脾气又大，肝火极旺。李时珍明白，这是三焦阻塞之症。

于是，李时珍用牵牛末、皂荚膏丸给楚王治病。牵牛能顺气，通三焦。果然，对症下药，药到病除。

楚王服药后，立竿见影，当天就顺顺当当地解了大便，心里说不出的痛快。

楚王和王妃在王府花园设宴酬谢李时珍。楚王在宴席上端起酒杯向李时珍敬酒，发话说："郎中，你救了我的儿子，又医好了我多年的顽疾，我不知如何答谢你，你有什么要求，就请尽管说，只要我能办到的，一定尽力！"

李时珍沉吟片刻，忽然想起父亲说过的话，要修《本草》必须依靠皇帝支持，这楚王是当今皇上的兄弟，正好求他帮忙，机不可失，时不再来。

于是，李时珍起身向楚王深深一揖，不卑不亢地说："谢王爷盛情。我正有一事要求王爷相助。王爷，我立志要写一部药书，由于得不到朝廷帮助，困难重重。如果王爷能奏请朝廷，助我重修《本草》，时珍将终生感谢王爷。"

楚王也是个读书人，听了李时珍的要求，不由微微一愣。他见到的郎中差不多都是贪图钱财、官爵，而眼前这个郎中却与众不同，想干一番利国利民、惊天动地的事业。

楚王想了想，叹了一口气说："郎中，我佩服你有这么宏伟的志愿，我一定把你的要求向皇上转奏。不过，据我所知，皇上近来迷于炼丹求长生之术，对于重修《本草》这样的大事，未必有兴趣过问。

"我希望你在我这里住下来，我的奉祠所正有个缺，你就当个祠奉工兼管良医所。王府藏书楼中药书颇多，闲来无事，你尽可以随便出入，为你修《本草》寻些资料，待有机会，我再保举你进京供职，找机会向皇上提出重修《本草》这个心愿。"

李时珍接受了楚王的意见，在王府里住了下来。果然如楚王所料，楚王转奏李时珍心愿的奏折送到皇上手中后，皇帝批了个"留中"，便如石沉大海，杳无音信了。

不过，李时珍还想继续上书楚王，希望他能够利用自己的身份，多向皇帝进奏折，以便引起皇帝对于《本草》的注意……

三年府医生涯

李时珍又一次会见楚王是在楚王的丹房里。他一走进去，看见楚王盘腿坐在一张虎皮椅子上，脸上无精打采，好像瞌睡还没有醒的样子。

楚王旁边站着一个鬼头鬼脑的道士，斜着眼对着他看，心中十分不自在。楚王问问他的出身，又问问他的学问，渐渐问到他对于丹炉一道可有什么研究。

李时珍说："时珍是个医生，只知道一些治病的药，炼丹一道却从来没有学过。"

楚王听了，随便谈了几句，就把他打发出来了。

回到住处后，李时珍心里很郁闷。他想起刚才回话时，那个道士脸上的表情很不和善。

李时珍暗想："楚王只听这些人的话，一心在炼丹上，他怎么会关心《本草》的事情。看来，这件事是很难再次进言的了。"

不过，李时珍是一个意志坚强的人，干什么都不轻易放弃。重编《本草》的事情既然对老百姓有那么大的好处，他怎么也要为它奋斗下去。楚王尽管难说话，他还是想找个机会说动他。

李时珍住在宫门外面的奉祠所里，隔壁就是楚王新修的一个神坛，里面供着道教的神像。

过不了几天，道士们就要在里面打一回醮，有吹笙的、吹笛的、吹唢呐的、敲锣打鼓的，搞得四邻不安。

每天开坛时，还有一个小道士，拿着一只海螺，站在大门外拼命地吹，那声音特别刺耳。

有时，王府打大醮，楚王亲自出来行香礼拜，那就不仅闹翻了王府，连整个武昌城都给闹翻了。

到了那一天，一大早就有地方官起来伺候，府门口停满了大大小小的轿子。还有一只一只用彩布扎的亭子，摆在大门外，等待王府里的官员点收。

亭子里面，摆的是各式各样的金器、玉器、漆器、绣品，都是江夏县的县官，逼迫着武昌的老百姓送来给王爷献神的。

连离城几十里的猎户，都逃不了要送几只肥鹿来，当作供品。楚王每打一回大醮，武昌的老百姓就要倒一回霉，无缘无故地赔上许多财物。王府官员点收他们的东西时，还要左挑右选。

老百姓虽然怨声载道，但是敢怒不敢言，只好在背地里咒骂。在这样的环境里工作，李时珍心情很不安定。

有时，李时珍闷得慌，便出去走走。他出去时从不坐轿，也从不带人，换一身衣服，一个人踱出府外。

有时，李时珍坐着一只小船，渡到汉阳，去游览名胜。有时，李时珍深入洪山，去观光游览九峰寺。黄鹤楼边有个观音阁，更是他常到的地方。

李时珍第一次和观音阁的老和尚交谈，向他打听本地的物产风俗，和尚对答如流，他就觉得这个老和尚不平凡，以后只要有空闲时间，便常来到这里坐坐。

和尚知道他是蕲州名医李时珍，对他也十分敬重。有些知道李时珍的医道的病人，听说他常到观音阁来，便也纷纷赶到这里来求治。

李时珍在武昌的时候，观音阁竟成了他的义务诊所了。

李时珍在王府里主要是看病，除了给楚王一家看病外，很难被召到宫里去，因此他也轻易见不到楚王。

有时在宫外见上一面，楚王身边总少不了有道士跟着，说话也不方便。那修《本草》的事情，李时珍竟再也没有机会对楚王提起，他为此感觉非常苦恼。

有一天，楚王府的一位官员来通知李时珍，说楚王和王妃在便殿召见他。

李时珍想到，既然王妃一同接见，就不会有道士在身边。他觉得这是一个好机会，可以再次向楚王进言，所以非常高兴。

楚王见到李时珍，态度十分傲慢。他对李时珍说："世子的病自从让你看了以后，就没有再犯过，娘娘说你很有能耐，所以今天请你来一起饮宴，娘娘还想赏你一点东西。"

王妃坐在旁边，吩咐宫女捧来一盘珠宝，送到李时珍面前。李时珍说："治好世子的病，是时珍分内的事情，这珠宝断不敢领。"

楚王平时送人家东西，只见人家叩头称谢，从来没有见过像李时珍这样的竟然不领受，立刻便露出了不高兴的神色。

李时珍赶快上前一步说："时珍并不是不要娘娘的赏赐，只是时珍有一个愿望还没有实现，想再次向王爷禀明。"

接着，李时珍就把希望楚王再次向朝廷建议重修《本草》，并让自己也参加进去工作的事情,一一对楚王说了。

楚王一愣,感到非常诧异,他想起李时珍以前就给自己提过一次,而且自己也曾经给皇帝上过奏折,这几乎是不可能的事,楚王也只是当作一个顺水人情,奏折送上去就是了,没想到李时珍的意志这么坚决,现在又提起了这件事。

停了半晌,楚王才哈哈地笑了两声,对李时珍说:"当今皇上要的是仙丹,管什么本草不本草,这种鸡毛蒜皮的事,已经上奏过一次,怎么能再次上奏皇上。"

楚王虽然为李时珍一再提起什么本草的事,有点不高兴,不过他还是劝李时珍不要胡思乱想,并说自己以后有机会,一定把他保送到太医院去做官。

李时珍看到楚王拒绝了他的请求,心里非常失望,后来见楚王又提到太医院,不觉又有了一个主意。

李时珍想,太医院是主管全国医务为皇帝服务的机关,对这一类事情应该负责,通过太医院去向朝廷建议,也是一个办法。

于是,李时珍对楚王说,他很高兴能到太医院去,多谢王爷把他举荐去。

楚王其实也不过是有口无心,因为他也不知道什么时候太医院会要医生,所以他只是答应以后再商量,然后不等李时珍再说,就把他打发了出来。

李时珍无可奈何,又在王府里住了一段时间,他和那些胡说八道的道士一直不合作,王府里求神打醮的事他也不参加。

王府里的官员大都是些卑鄙的家伙,一向在外面横行霸道,李时珍看不惯他们的行为,和他们关系也很冷淡。因此,不但道士们说他的坏话,而且那些官员们也在楚王面前说他的坏话。

有一次，楚王因为吞服丹药出了毛病，传李时珍去诊治，李时珍就趁机把服丹药的害处，向楚王痛切地说了一番。

可是，那个糊涂的楚王却不认为李时珍说的是好话，反而生他的气，对他直瞪眼。

道士们又在楚王面前不住地嘀咕，说炼得好好的丹，却给李时珍这个不信道的人瞎批驳一通，弄得不灵了。

楚王听了道士的话，对李时珍更加不喜欢了，要不是想到他看好了自己儿子的病，早将他打发回家了。

进入太医院任职

机会再次垂青了李时珍，本来进入太医院几乎是没影子的事，没想到，嘉靖三十七年（公元1558年），朝廷命令地方举荐名医，入太医院补缺。

楚王看到儿子的病一直也没有再发，觉得不留李时珍也没有多少妨碍，就正好做个顺水人情，将李时珍打发走算了。

所以，楚王对李时珍说："既然你执意要进太医院，我就叫人给你起个公事，等京里复文下来，你就走吧。"

李时珍听了楚王的话，心中十分高兴。

李时珍在楚王府待了将近3年。在这3年中，他有机会出入楚王藏书丰富的书库，阅读了不少医药经史方面的书籍，为重修《本草》积累了不少的资料，有空闲时间时，他常去观音阁，给百姓看病，和观音阁的那位相识的老和尚互相切磋。

在那里，李时珍也没忘记向各地人们讨教方药，并从中受到不少的教益。

李时珍想，进入太医院后，可以有机会进入御药陈寿药房，见识许多珍贵的药物，对重修《本草》有利，再加上他对皇帝还抱有希望，进入太医院后有更多的机会上奏皇帝，请他下令重修《本草》。

于是，李时珍愉快地接受了楚王的举荐。楚王毕竟是王室，还是有一定影响力的，所以他的举荐很快得到了皇帝的批复，李时珍顺利拿到了皇帝的批文。

从武昌到北京，一路经过许多热闹的城市。李时珍平时最喜欢采风问俗，到一处地方总要流连一下。

这时候，李时珍却无心玩赏，除了途中换雇马车以外，沿路都不停留。他一心只想早点赶到北京，好把重修《本草》的事在太医院里干起来。

李时珍碰了楚王这个钉子，并没有灰心。他想，太医院里的官员都是同行，不比楚王，自然都懂得这件事的重要性，说动他们比说动楚王容易得多。

他在楚王府工作时，已经把历年收集到的材料，写成一本一本的笔记，这次带到北京，打算献给太医院。

李时珍嫌坐在车厢里气闷，每天总有大半天的时间，跨坐在车沿，和车夫聊天。

不聊天的时候，李时珍就一个人坐在那里沉思，有时想到《本草》编成，政府正在把它向全国推广，心里不禁有些激动。

李时珍这时只有 30 多岁，因为心地坦白，对世事常抱乐观态度，所以显得有些年轻。

赶车的起初以为他是一个进京赶考的举子，后来听说他是到太医院去当医生的，还打算编一部药书给天下医生用，觉得李时珍这个人很不凡。

李时珍告诉他这是对老百姓都有好处的事情，赶车的也点头说，编一部药书，让老百姓都能治好病，这事是个大好事。

一路上，李时珍同车夫聊着天，也不感到多么寂寞。过黄河后，有时刮起大风，灰尘满天，几乎伸手不见五指。赶车的劝李时珍坐到车里去，把帘子放下来，他不肯。

风过后，两人满脸满头都是尘土，像一对泥人一样，赶车的瞅着他直笑，李时珍看看自己身上，也不禁笑了。

走了一段时间，他跟车夫说："我心里很着急，光想早点赶到北京。"车夫回答说："不用急。我们今天再多赶20里，到高桥再歇息就是了。"

就这样，他们每天一直赶着往前走。不到半月，他们来到了北京。赶车的送李时珍进城，找了一家客店住下。

李时珍留赶车的吃饭，赶车的说他还要赶到沙沟门的车行，去找回去的生意，不肯耽搁，告辞走了。

李时珍看看天色还早，也不想休息，想到太医院去投递到职的公文。于是，他向店家打听了一下路，就一个人走了出来。

走进正阳门，又向西走了不到半里路，李时珍果然看见一排一排坐东朝西的衙门。有一个衙门，门上挂着一块红匾，上面写着"太医院"3个黑字。

盼望了很长时间的太医院，今天终于到了，李时珍心里是多么快活。可是，他的快活并没有持续很久。

太医院的长官是一个院使和两个院判，他们都是靠来头吃饭的人，没有一点真实本领。他们接见了李时珍，分派了他一个普通的工作。李时珍也并不把这事放在心上。

不过，进院之后，李时珍看出这个衙门很腐败，长官们放着本院里的要紧公事不理，却忙着替皇宫里的道士向全国各地征发炼丹用的东西。

雄黄一要就是500斤，水银一要就是200斤，也不管地方上老百姓是不是负担得起。更加让李时珍气愤的是，这些长官竟把穷苦的百姓看作小人，不屑一顾。

在医学上，他们对民间医生在实践中发展起来的医学理论，看作是无知妄说。

过了不久，李时珍上了两次说帖，请太医院向朝廷建议重修《本草》。可是，那些官员们嫌他多事，把说帖塞到公文堆里，连理也不理。

李时珍忍不下去了，有一次去回公事，恰好院使和院判都在那里，他就当面向他们问起这件事情。

李时珍对长官们是从来不奉承讨好的，所以他们对他很不满意。李时珍刚说完，一个院判就冷冷地说："你怎么会想出这么一个馊主意，难道这些现成的《本草》还不够你用吗？"

李时珍回答说："我在说帖上说过了，正是因为老《本草》已经不够用了，那上面有些差错，必须赶快改正。再说，几百年来我们又知道了许多新药，要编进去才是。"

院判怒气冲冲地站起来说："我很感到奇怪，你怎么竟敢擅动古人的经典？你有多么大的本领？真是太胆大了！"

李时珍不慌不忙地说："大人，你一点也用不着感到奇怪。什么学问都是一代接一代地干起来的。有些东西我们比古人知道得多一些，这不奇怪。要是古人都觉得有了老本草，就不许有新的，那本草早就绝迹了。"

"你这是狂妄！"院判怒道。

李时珍也忍不住有些愤怒，说："说我狂妄，也许是吧。可是，大人，古代要是没有那么多狂妄的人，我们现在也不会有一千好几百种药物啦！"

那位院判气得大张着嘴，一句话也说不出来。这时，老院使忽然站了起来，指着李时珍说："你愿意怎么说就怎么说，太医院就是不修。告诉你吧，皇上根本不要修什么本草。你是什么人物，我们能凭你的一句话，就随便地轻举妄动吗？"

李时珍一听院使的话，和当初楚王说的当今皇上要的是仙丹，管什么本草不本草的话，一模一样，不由得倒抽了一口冷气，愤愤地退了出来。

在王府治怪病

太医院是朝廷掌管全国医药大政的机构,也是朝廷最高的医院。皇族有病,都请太医院医生看病。

李时珍进太医院不久,便被富顺王请去为富顺王的孙子看病。之所以请李时珍,是因为他是新来的,其他太医去看过了,可是都没有给看好。

在差人的带领下,李时珍进了王府。富顺王府真是大,比楚王府还要大,里面亭台楼阁、雕梁画栋,十分气派。

来到后院,门口有人守门,差人给守门人说明了来意后,退了出去,这时有两个丫鬟出来,带李时珍进去。

来到病人的住处门外后,两个丫鬟进去禀报,一会儿出来说请李太医进去。

王府的人还算客气,一位长者说:"李大夫,听说你医术高明,故而烦你前来给这孩子诊治诊治。"

"不必客气,让我看看。"李时珍谦虚地说。

李时珍拉过孩子,仔细地观察了一会儿,觉得很奇怪:一个生长在富户豪门之家的孩子，竟然骨瘦如柴，面色蜡黄，精神委靡到如此程度。

而且更奇怪的是，患者一个劲地指着桌子上的红蜡烛又哭又闹。

诊完了脉，李时珍说："请讲讲这孩子如何不适？"

孩子的母亲哭诉道："我们也说不好他哪儿不舒服，就是不好好吃东西，真是急煞了人！"

"几年了？"

"有两年了。"

"没治过？"

"治过，连御医都来过，吃了他们的药，都不管事。"

"平日爱吃的东西有没有？"

"爱吃……"孩子的母亲犹豫着没说出来。

还是孩子的奶妈说了："平日爱吃灯花！"

"什么？吃什么？"

"灯花，就爱吃从灯上剪下的灯花。"

李时珍看了看那个孩子，他现在闹得更厉害了，大人只好迁就他，用剪刀将红蜡烛上烧结的灯花铰下来，放进小孩口中，小孩子才破涕为笑，津津有味地将灯花嚼碎，吞进腹中。

听了这些介绍，并且亲眼看到小孩吃灯花的情景，李时珍对孩子的病情有了一定把握。

李时珍以前在诊病中，也遇到过多起类似这样的病例，他作过细心研究，发现这种喜吃灯花怪病的事，是由于肚子里有寄生虫引起的。

于是，李时珍又让孩子躺在床上，认真摸了腹部，又俯耳听了一会儿，起身说：

"这孩子的肚子里有虫子。他患的是钩虫病。"

这时，在场的人都有点紧张。

"不要紧，我给他开个偏方。"

"偏方管用吗？"

"诸位可不要小视偏方，俗话说偏方可以治大病！"

府里的人，有的将信将疑，有的觉得到底是乡医，一身土气，说个药方都是俗的！

他们接过方子一看，上面开的药有百部、使君子等杀虫药。听李时珍讲完如何用药后，家人端来一个盘子，上面有许多银子，李时珍只拿了一小块说："当取之值，这些就足够了！"

家人谢毕，李时珍等就出来了。

出大门后，弟子庞宪说："看他们那盛气凌人的劲儿，真不该给他们治！"

"不妥。咱们是治病，哪管那么多！"

"那孩子为何爱吃灯花？"

"这种病患者，偏爱吃的东西很多，不只是灯花一种，还有墙皮、泥土，有的还吃铁的东西，都是钩虫病闹得使人食欲不正常。"

他们边说边走，很晚才回到家。

过了些日子，王府又来请李时珍了，这回态度与前次不同，毕恭毕敬的。

到了府上，见那孩子面泛红光，体态稍丰，病已好转，李时珍甭提多高兴了。

孩子的母亲介绍，孩子服药后，就打下了许多虫子，从此再也不吃灯花了，还说了许多感谢的话。

主人令人端来珠宝一盘，谢李时珍，李时珍拒不接受。他给孩子又开了些药后，便离去了。

从此，李时珍治好王孙的怪病在京城传开后，皇族中有人生病，许多人都指名请李时珍出诊。李时珍的医名不只是在民间传开，在官府王公处也传遍了。

研究朝廷医药资料

李时珍的名气在京城越来越大,朝廷封了个正六品太医院院判给他当。官不算小,也有了权。李时珍利用这点职权,可以出入太医院的药王庙、寿药房和御药库了。

药王庙里保存着一个针灸铜人模型,它是北宋针灸学家、太医王唯一总结了历代针灸医家的实践经验,设计铸造的。

王唯一在模型上面刻出穴位,标注名称,并且写了《新铸铜人腧穴针灸图经》作为文字说明,这就大大方便了针灸的实际操作。

明代又复制了一个针灸铜人,供在药王庙里。李时珍以前就读过《新铸铜人腧穴针灸图经》和《铜人针灸经》,现在有机会通过实际模型仔细辨认人身上的各个穴位的实际位置,他感到莫大的兴奋。

李时珍虽不是针灸医生,但仍旧把每个腧穴、经络的理路都临摹下来,这对他后来撰著《奇经八脉考》等书,打下了坚实的基础。

太医院所属的寿药房和御药库里存放着许多全国各地进贡的药材和从国外进口的药材珍品。

其中如人参、鹿茸、虎骨、宝石、辰砂、珍珠、石燕、石蛇、石蚕、水晶、玛瑙、珊瑚、泰山石蕊、琅牙云母、峨眉天麻、庐山云雾茶等，在这里都能够见到。

当时宫中的各种名贵药材、丸散膏药、宝玉连珠，可以说是琳琅满目。这些药有的生在海南岛之崖，有的长在长白山之麓，有的来自西域敦煌，有的出自异国他邦。

在太医院里，李时珍开阔了眼界，增长了见识。李时珍带着历代药书里发现的问题，认真鉴别，刻苦钻研，为不少问题找到了答案。

比如人参，李时珍虽然读过前人许多医书里的论述，仔细研究过父亲写的《人参传》，但都限于见闻，没有条件将各种不同的实物进行比较，一些关于人参的错误论述也无法纠正。

现在，李时珍看到了来自各地的人参，如高丽紫参、辽东红参、潞州党参及泰山、江淮间产的人参实物。

此外，李时珍还看到了类似人参的荠苨、桔梗等实物，后来，他在重修《本草》时，对人参的叙述特别详尽，并揭露奸商用荠苨、桔梗冒充人参的骗人勾当。

李时珍在《本草》中写道："伪者皆以沙参、荠苨、桔梗根系造作乱之，沙参体虚无心而味淡，荠苨体虚无心，桔梗体坚而味苦。人参体实有心而味甘，微带苦，自有余味。"

李时珍除了读书和考察药物外，一有空便到京城四郊采访。他用南方人的眼光来研究北方的风土习尚，对于出产在北方的药材，制药和用药的方法，以及民间的单方验方，起居饮食，都很感兴趣。

李时珍把北方农家如何栽种果树、窖藏白菜、培育韭黄等一一记录下来，准备收入他自己编著的《本草》中。

李时珍经过一番思考和准备，写了一道奏折，连同自己整理的笔记，上奏朝廷，建议由朝廷主持重修《本草》。

　　不料，奏折送上去后，不仅如同在楚王府遇到的情况一样，石沉大海，杳无音信，而且还受到太医院同僚们的种种诬蔑和讽刺。

　　太医院的医官们大多是世袭的，他们不学无术，掌握太医院的大权，排斥经地方官吏推荐进太医院的医官，李时珍陷入了他事先未曾料及的人际纠纷中。

　　朝廷不支持不采纳李时珍重修《本草》的建议，但这没有动摇他的决心，他早做了两手准备。

　　这期间，李时珍非常积极地从事药物研究工作，经常出入于太医院的药房及御药库，认真仔细地比较、鉴别全国各地的药材，收集了大量的资料。

　　同时，李时珍还饱览了王府和皇家珍藏的丰富典籍，与此同时他也可能从宫廷中获得了当时有关民间的大量本草相关信息，并看到了许多平时难以见到的药物标本，使他大大开阔了眼界，丰富了知识领域。

　　谈到这一点，就必须联系到明代官修的另一部著名本草书籍《本草品汇精要》。该书是明孝宗于弘治十六年（公元1503年）八月下诏太医院编修的一部国家药典。

　　在司设监太监刘文泰的组织下，一个设有总督、提调、总裁、副总裁、纂修、验药等9种职位的修撰班子组成，包括誊录、绘画人员在内共49人。

　　在经历一年半修订后，药典编纂完成。编撰者按照宋人唐慎微的《证类本草》旧例顺序，把入药之物分为玉石、草、木、果等十部，每部分为上、中、下三品编写，全书共收药物1815种，正文用朱墨两色分写。

正文之前绘有精美的彩色写生图达 1358 幅，是中国第一部大型彩绘图书。

同时编撰者还舍弃了当时已比较成熟的雕版印刷技术，而由工匠分色缮写文字，宫廷画师负责绘图。

全书完成后，明孝宗还亲自撰写了序言，并仿照《永乐大典》格式装帧成 36 册，装入楠木盒中保存，是为明代宫廷的正统抄本。

但是，此书完稿后仅两个月，明孝宗却意外"驾崩"，其死因成为天大疑案。

而原书编纂人员中的 19 人中有 12 人涉嫌谋害孝宗皇帝，遭到查办，于是这部明代药典《本草品汇精要》一直封藏在宫中内库里。

李时珍是在距此事约 50 年，开始进入太医院任职的，他不可能对前朝旧事一无所知。

并且此时孝宗后继位的明武宗已逝，明世宗也已出任皇帝 30 余年，对故去的疑案未必有多少人关心，所以封藏在宫中的《本草品汇精要》，在不公开的情况下可能也能见到，因此李时珍在太医院工作期间，可能很幸运地看到了此书。

也许正是由于这个原因，让李时珍编著一部能超出此书的新本草专著的愿望更加强烈，而在太医院的工作环境是不可能满足他的想法、实现自己愿望的。

但是，李时珍通过多年埋头苦干，又得到了旁人没有过的在楚王府、太医院奉职的机会，积累了许多宝贵材料，认定自己有能力重修《本草》。

太医院的工作经历，给李时珍的一生带来了重大影响，为他创造《本草纲目》埋下很好的伏笔。

李时珍在博览群书时，发现各种药书互相矛盾，光靠在寿药房、御药库比较实物，还不能解决疑团。

　　李时珍越来越觉得需要出去，去野外进行实地调查研究，采集标本，像神农尝百草那样亲尝药物，这样重修出的《本草》才有价值，才会流芳百世、造福后人。

　　因为李时珍淡于功名荣禄，又十分渴望能早日完成自己的计划，所以，在太医院任职没有太长时间，他就想回家了。

巧计惩罚假太医

京城太医院的生活，与楚王府的生活又有很大的不同。

京城历来是全国的政治、经济和文化的交流中心，城市的发展总是与物欲横流有着千丝万缕的联系。

在京城里到处充斥着名利与地位的较量，即使是太医也不能脱离这个权力场。有时候，太医喝酒应酬也就成了避免不了的事情。

而且，一年来李时珍也发现，能够受到皇帝信任和朝廷礼遇的人并不是他们这些名医，而是炼丹的道士们。道士们的神殿修得就连京城也矮了半截，雷坛都设到了皇宫里。

明世宗朱厚熜自封道号"灵霄上清统雷元阳妙一飞玄真君"，后来又加号什么"九天弘教普济生灵掌阴阳功过大道思仁紫极仙翁一阳真人元虚圆应开化伏魔忠孝帝君""太上大罗天仙紫极长生圣智昭灵统元证应玉虚总掌五雷大真人玄都境万寿帝君"，形同梦呓。

在这种时候，李时珍即使是到了太医院又能怎么样呢？何况在他之前，济济一堂的老御医们已经论资排辈，已经把持了所有机会。

李时珍提出的官修本草的建议根本就无人理睬。他想依靠个人来重修本草又被别人斥为狂妄，他本来想在医学上有所作为，到头来反倒成了众人的笑柄。

人们还会用一首流行的歌谣来嘲弄李时珍：

"当今天子重文章，足下何必讲汉唐；当今天子重丹术，足下何必讲岐黄。"

世风日下，官场腐败，老百姓也是怨声载道。

面对此种现状，李时珍也是无可奈何，他也会偶尔借喝酒排泄一下不良的情绪。

有一次，李时珍参加了一个太医们举行的宴席，结果被一个姓贾的太医给灌醉了。这个贾太医自称曾是太医院咽喉科肄业的医士，他在酒席上很能喝酒。

贾太医扶李时珍进了太医院寓所，李时珍摸出房门钥匙，却醉眼乜斜，两手发抖，投半天也投不进锁簧。

贾太医暗自嘲笑起来，他接过李时珍手中的钥匙说：

"你喝醉了，让我来开锁吧。"

进门后李时珍要去沏茶，贾太医又说：

"还是我来，你醉了。"

李时珍大声嚷道：

"我没醉，是你醉了。醉了不要紧，我这里有个醒酒的好法子。"

他把贾太医又带到里间。

原来里间就是药房，一排排高大的药柜上密密麻麻的小抽屉，贴着端楷写就的药名标签。

李时珍絮絮叨叨地向贾太医介绍各种新药，在药柜最下层有一排抽屉，写着巴豆、大黄等字样，这些都是泻药。李时珍打开其中一个抽屉说：

"这是我费了不少工夫配制的一种泻药，我取名叫'跑断肠'，又叫'谢（泻）将军'，用做泻下药比巴豆、大黄还厉害百倍。"

贾太医看见那是一些黑色的小颗粒。

李时珍踩着凳子要去拉顶上的一个抽屉，脚一软摔下来，凳子也翻了。

贾太医扶着他说：

"你真醉了。"

李时珍说：

"我没醉。你要醉了，那上面的抽屉里，就是一味解酒的良药，你将它取3钱研成末，咱们和着茶吞下就行了。这是枕袖秘方，不醉不传。"

贾太医说：

"你到外面休息，我来弄吧。"

贾太医看着那抽屉上写的是"枳椇子"，他又看了看下面的黑色小颗粒，眼里渐渐闪出一丝狡黠。他烧开了水，很快沏了两杯茶出来。

贾太医笑着说：

"李兄，你那味药真有醒酒的奇效吗？"

李时珍说：

"这叫枳椇子，是一个老太医的偏方，包你见效。"

贾太医说：

"我已经放在茶里了，咱们喝吧。"

李时珍喝了茶后，渐渐显得清醒起来。贾太医喝了茶，却是越来越感到不舒服。

贾太医站起来：

"李兄，我怎么有点肚子痛？"

李时珍笑了笑说：

"那是因为你喝了泻药。"

贾太医大惊失色地看了看自己手里的茶杯，又看了看李时珍手里的茶杯，他明明记得，是自己亲手将那种泻药研成末放进李时珍的杯子里，而他喝的杯子则放的是李时珍说的解酒药。但肚痛已经证明了一切，他把茶杯一掷，强自忍住。

李时珍道：

"这几天来往，你以为我没发觉你不安好心？我早就怀疑你根本不是什么医士，你多半是街上的无业光棍，受那些专横的道士们雇用来戏弄我。

"凡是有反对那些道士炼丹求仙的人，他们就会雇你们去戏弄为难他，他们当然也不会放过我，所以一见你我就小心了。

"现在我让你听个明白，我那个泻药的抽屉里，放的是真正的枳椇子，写着枳椇子的抽屉里放的才是'跑断肠'，你如果真是太医院肄业的医士，至少不会认不得枳椇子。你自己要解酒，却想让别人拉肚子，这就叫起心害人终害己。"

冒牌的贾太医听得目瞪口呆，终于忍不住了，一转身弯腰往门外跑得差点断了肠。

李时珍教训了道士们雇来的恶棍，但这件事也最终使他下定了决心，京城虽好，但不是他这种人待的地方，他要尽快回家。

辞职回到家乡

明嘉靖三十八年（公元 1559 年），李时珍深深感到继续待在北京已经没有任何意义，这对自己来说简直是浪费时光。

于是，李时珍便想到一个办法，托病辞职。他在得到了朝廷的许可后，便立刻返回家乡蕲州，准备专心重修《本草》的艰辛工作。

李时珍南归故乡，沿着驿路经过涿州、安阳、徐州等地。他摆脱了太医院任职中的各种矛盾和烦恼，在广阔的原野上，见闻所及处处是学问的宝藏。

在路过一个驿站时，李时珍遇到一群北上的驿卒。他们正在用小锅煮着一把粉红色的小花。

李时珍走到跟前，仔细一看，这是一种别名叫鼓子的旋花。此花在南方随处可见，在过去从来没听人说这种花有什么用途，各种《本草》上也都没有记载。

李时珍好奇地问驿卒："你们为什么煮食这种东西？"

驿卒回答说："常在外奔走的人，筋骨劳累容易受损伤。吃了这东西可以治疗，这是我们的家传秘方。"

李时珍一听，就牢牢记在心里，回到驿所屋子便在笔记上记下了驿卒的话。

一路上，李时珍一边走，一边收集着民间流传的单方验方和治病的草药。

特别是那些民间传说的顺口溜，李时珍听到后，就立刻记在笔记本上，像人们常说的"穿山甲，王不留，妇人吃了乳长流"，就是指这两种药有发奶的功效。

还有"槟榔、浮留，可以忘忧"，就是说槟榔和浮留这两种药具有兴奋神经的作用。

"七叶一枝花，深山是我家，痈疽若遇着，一似手擒拿"，是说一种叫蚤休的药草，即七叶一枝花，在深山中生长，这种药材有解毒去痈的疗效。

每收获一个信息，如获至宝的李时珍便将这些顺口溜及时记在随身携带的笔记本上。

他经常感叹说："民间流散着多少宝物啊！我一定要广采博收。"

李时珍用记下的资料，给人治病，经过验证，确实疗效甚好，后来他把自己行医的实践经验及药理都收入到《本草》中了。

离开了京城，离开了那争权夺利的官场，李时珍的心中充满了无限的喜悦之情。他现在终于可以返回故乡继续自己心爱的事业了。

李时珍走出京城，一身轻松，他感觉自己的心早已经飞回了家中。他是多么想快点赶路，早点见到自己年迈的老父亲，还有自己的哥哥啊！

可是，当李时珍一回到家时，他却发现父亲已经久病在床，父亲没有告诉做官的儿子自己病重的消息。

李时珍见父亲卧床不能起身，便决定暂时不再外出。

他一边在家侍奉父亲，给父亲治病，一边着手改善居住条件，他这样做是为著书立说做充分的准备。

李时珍在自己家门口挂上了一块"世医李时珍应诊"的牌子，又当起了医生。

过了一些时候，蕲州东门口的城墙上，贴上了李时珍亲笔写的一张大字广告。

广告上这样写着：

本人李时珍，现在正在编一本药书，书名叫《本草纲目》。因为自己的见闻有限，材料不够，希望各地有学问的人以及同道们，能够提供帮助，把这部对天下百姓有用的书写好，在此深表谢意！

蕲州的乡绅们听说李时珍在楚王府和太医院都没有待多长时间，结果还是跑回来当医生，大家都在背地里耻笑他。

有的人说：

"这个土包子，到底是上不了台盘。"

后来，他们听说李时珍贴出了个广告，要自己出来编一部新《本草》，他们更加鼓噪起来，说：

"修本草谈何容易，朝廷不干的事，他干，这真是自讨苦吃！"

在蕲州的大街小巷里，瞧得起李时珍的人还是要占大多数的，比瞧不起李时珍的人要多得多。他们听到这个消息后，都很兴奋，三三两两地谈起这件事情来。

卖菜的李老头打开他的大嗓门对街上的人说：

"谁说他搞不成功！这孩子的脾气我很清楚，他要干什么，不干成功他就永不罢休。"

有人笑道：

"李老头，你也太卖老了，人家李时珍已经是上40岁的人了，你还孩子孩子的喊人家。"

李老头嗓门更大了：

"怎么喊不得！他就是活到80岁，我还要喊他孩子。他小时候，我菜园里的萝卜花,不知道让他给拔掉多少呢!"李老头的一番话,听得众人不由得哈哈大笑起来。

每天给人家看完病,李时珍就开始编书。外面的反应他也知道,乡绅们挖苦他的话,他听了只是笑笑,根本就不当回事儿。

但是,当他听到有许多百姓对他的工作表示那么大的信任和关心时,他更加意识到肩上的担子的重量了。

有时,李时珍忙到三四更天还不停手,他的妻子几乎是几次拿着油壶进来,给他往灯里添满油。

妻子见他还没有休息的意思,便说:

"写书也不是一会半会儿的事儿,你白天要给人看病,晚上又熬这么长时间,要是病倒了怎么办?"

李时珍说:

"你不知道,我已经白白耽误了好几年,如果再耽误,就没有时间编写了。"

随着人丁的繁衍,李家那所老宅已显得过于狭小了。

李时珍就在雨湖边选了一块地,自己亲自规划设计,盖起了一座宽敞轩亮、环境幽静、景色宜人的新宅院。这里既适合父亲养病,也适宜自己潜心研究、撰著。

这时候,李时珍的大儿子建中,按着父亲的意愿,已考中举人,走上了仕途,为李家改换了门庭。

李时珍说服父亲,将二儿子建元、三儿子建方留在自己身边学习医术。小儿子建木年岁还小,仍在读书。

李时珍从雨湖引来一股湖水,美化院落,使得这一座幽雅的宅院里有花有水,生意盎然。不仅家里就有清溪流水、花草繁茂,推开窗户,还能看见碧绿清澈的雨湖,望见湖上漂满的点点渔帆,听到悠扬的渔歌和小鸟快乐的鸣叫。

李时珍引用《诗经》里"考般在阿,硕人之过"两句诗的立意,在自己的门前题了"过硕馆"3个大字。

同时,李时珍给自己取了个别名叫"濒湖山人",借以抒发无官一身轻,专心致志著书立说的抱负。

李言闻为了支持儿子完成重编《本草》的大业,将自己多年积累的大量资料和撰写的几十卷著作,全都交给了李时珍。

老人还抱病与儿子一起探讨医学和药学中的各类问题,审阅儿子的著作,他相信儿子能为李家给后世作出惊人的贡献。

父亲在李时珍的精心照料下,病情开始逐渐好转了。在这段时间里,李时珍完成了《濒湖医案》《三焦客难》《命门考》《五藏图经》《濒湖脉学》《奇经八脉考》等著作。

李时珍本着"涉猎群书,搜罗百代"的治学精神,除了广收经典外,还涉及上自太仓、启玄、叔和之学,下至唐宋金元诸名流脉学著作达48家,他在此基础上删繁就简,写成了集脉学著作大成的《濒湖脉学》。

明代嘉靖四十三年(公元1564年),李言闻旧病复发,医治无效去世。

在临终前,李言闻嘱咐李时珍要克服困难,尽快将《本草》重修好。

就这样,老中医带着对儿子的期望,走完了自己真实而可敬的人生。

百姓帮忙修本草

　　李时珍编著这部《本草纲目》，是要给古往今来的药物学作一次大规模的总结，因此，他必须读很多的古书，从中收集材料。

　　可是要把材料收集起来，那可不是容易的事，因为还得一样一样地考察一下，看看古人讲得是不是完全正确。工作到了这个阶段，书本上的知识就帮不了他多少忙。

　　这时候能够帮李时珍修本草的，是那些种田的、种菜的、捕鱼的、打柴的、打猎的平民百姓。

　　因为许多药材的形状和生长状况，只有老百姓才知道得最清楚。也只有从他们那儿，才能弄到一些实物，来亲自核对，才能够切切实实地解决问题。

　　有一次，李时珍从古人的医书里，查到一种药物，名叫芸薹，是一种蔬菜，能够散热消肿。

　　他想在自己编的书里，把这样东西解释得全面一些，通俗一些，可是，书上讲得不清楚，他分析了半天，还是不能肯定这是什么东西。

　　后来，他想到了种菜的李老头，马上放下书本，跑出门去。李时珍一走进菜园，便喊道："李老！李老！你知道有个芸薹吗？"接着，他就把自己要问的话说了一遍。

李老头静静地听完之后，回答得很干脆："芸薹我不知道，可是，9月里下种，第二年开小黄花，收子榨油的，那不就是油菜吗？你在书里干脆写上油菜，人们一看不就明白了吗？"

又有一次，他在一本古书上，看到一段关于鱼类生殖过程的解释，心里不相信，就跑到雨湖旁一位老渔民的家里去询问。

那位老渔民和种菜的李老头一样，也是亲眼看着李时珍长大的，李时珍现在是中年人了，并且已经稀稀地留下了长胡子，可是老渔民每次见到他，总是想到他小时候跟着渔船出去打鱼的情况。一想到这里，老渔民就笑了起来。

李时珍自从动手编书，就常到他那里请教。老渔民见李时珍连翠鸟怎样做窝、鸬鹚怎样生育都要问清楚，常常笑着说："时珍啊，你怎么还是那个老脾气，什么都要打破沙锅问到底。"

当然，对李时珍提出的任何问题，只要他知道的，他总是很乐意回答。李时珍把那本书上讲的鱼类繁殖状况告诉了老渔民，问他有没有这样的情形。

老渔民听了，把头一摇，说："这是什么话！鱼子下在草上，也有个季节，哪有过了冬天不烂坏的。"

老渔民为了让李时珍了解鱼产卵的实际情况，就领着李时珍到湖边去亲自观察。

蕲州街坊上，有很多人都是这样热情地支持李时珍。李时珍希望把山丹、百合、卷丹这三样东西的形状差别弄清楚，就有人从四五里远的山上，现挖了几棵正在开花的卷丹送来给他。

李时珍希望收集水草来研究，自己出去采了一些，别人看见他正在找这类东西，便也帮着他到处寻找，找到了就陆陆续续地送来，顺便还把了解到的知识也讲给他听。

李时珍依靠他们的帮助,准确地区别出什么是萍,什么是苹,什么是莼,什么是荇,解决了古人多少年来没有彻底解决的问题。

新的药物的发现,尤其使李时珍感到兴奋。有个跑码头卖眼药的,在该州做了几天生意,其中有一种眼药很灵。

李时珍很恭敬地向他打听这里面加的是什么药料。卖药的告诉他,这里面加的有炉甘石,并且告诉他,这种炉甘石在开矿的地方是很容易找到的。

李时珍打听到安平乡正有人在开矿,便跑到那里去,找到这种青绿色的含金质的石片,带回来作了一段时间的专门研究。

经过修制、试验,证实了它的药效以后,就把自己研究的结果,详详细细地写到了书里。

那一天,李时珍特别高兴,因为他编著这部《本草纲目》,目的本来不只是在总结前人的经验,一切新的经验他也要推广,能够在这方面多收获一些,他就更觉得自己这个工作对人有用,心里也就更加高兴了。

这个工作是十分艰巨的。从前,李时珍听父亲对他说过,编一本新《本草》,必须把全国出产的药物都重新考察,这话他一直记在心里。

遇到一些药物自己解释不了,甚至依靠古书和当地群众提供的知识都不能解决的,李时珍就计算好了这种药物的生产季节,赶到药物出产的地方去亲自调查。

为了查访一棵药草,跑上几十里百来里的路,那可是常有的事儿。不过,李时珍外出时,往往又丢不下家里看病的事情,所以都是尽量缩短路上耽搁的时间,显得来去匆匆,更加辛苦。

实地观察蕲蛇

明代中叶以后，讲求实际，崇尚实践，主张经世致用的社会思潮兴起，王阳明的"知行合一""知行并进"的观点，对李时珍有很大的影响。

在重修《本草》时，李时珍特别强调"医者贵在格物"。所谓格物就是推究事物的道理。

在这种思想的指导下，李时珍决定深入到穷乡僻壤、荒山野地、贩夫走卒、平民百姓中去实地考察，访采四方，取得第一手资料。

李时珍首先从自己的家乡蕲州起步，蕲州这块地方，我们用"人杰地灵，物华天宝"来形容是再恰当不过的了。

打开蕲州的医药宝库，清点那些浸透了李时珍研究心血的蕲州药材和地方物产之时，人们第一眼看到的就是被称为蕲州"四宝"的"蕲蛇、蕲龟、蕲艾、蕲竹"。

明嘉靖《蕲州志·土产》分16类，其中列有竹、艾、龟，其他篇目载有白花蛇，但都未把它提到显要的位置。

直到清光绪《蕲州志·土产》中才提出"物有专产、通产"，

"其专产竹、艾、龟、蛇良于他处"。

从明嘉靖至清光绪近400年间,由于社会生产力的发展和科学技术的进步,人们认识事物的水平大大提高,肯定了蕲州所产"竹、艾、龟、蛇良于他处"。

后来,索性将竹、艾、龟、蛇前面分别冠以"蕲"字,以"蕲竹""蕲艾""蕲龟""蕲蛇"称之,并被后人誉为蕲州四宝。这一过渡性的认识,是与李时珍认真研究分不开的。

蕲州四宝,以蕲蛇最为神奇。

在李时珍行医颇负盛名的时候,有一位年轻的蕲州人外出做生意,结识了广东某地一位富商。

这位富商打听到这个蕲州年轻人还未结婚,就想将自己的女儿许配给他。经周围人撮合,年轻人答应了这门亲事。广东人分外热情,要他们两人立刻成亲,年轻人并未推辞。

洞房花烛之夜,新郎发现新娘长得异常漂亮,奇怪的是这位漂亮的广东姑娘却面带愁容。百般询问后,新娘向新郎道出了真情。

原来,新娘是一位麻风患者。这种病是治不好的,按照当地风俗习惯,只有很快找一个婆家,出嫁完婚,把这种病传给丈夫,姑娘方可得救。

可是,这位广东姑娘却是一个心地善良的女子,不忍心去坑害一位陌生的远方青年,她为父亲安排的这门亲事一直惴惴不安。所以她在新婚之夜,面对高烧的红烛黯然神伤,不知如何是好。

听罢新娘的肺腑之言,年轻的蕲州商人又气愤,又激动。他虽痛恨那老奸巨猾的广东富商,却深深地同情他的女儿。这位心地善良的姑娘,这么年轻竟然得了这样一种怪病。

可是这位蕲州年轻商人一时也没有办法,只能默默无言。

"你走吧！快离开这里，我不能害你。"姑娘真诚地向年轻的蕲州商人表白。

此时三更已过，新娘为新郎收拾行装，并再三叮嘱，叫他趁早上路，免得父亲纠缠不休。

姑娘把新郎送出后门，新郎心中万分惆怅，感激之情使他两步一回头，向姑娘投去依依不舍的目光。

多么好的姑娘呵，偏偏得了这种病！不然，那该是一桩多么称心的婚事。

难道天下就没有高明的医师能为她治好这种病吗？忽然间，他想起了家乡的名医李时珍，便又转回姑娘的身边说："明年春暖花开之时，你一定到蕲州来，我们那里有一位名医，说不定能治好你的病，等病好了我一定娶你。"

第二年春暖花开之时，广东姑娘果然应约，单身来到蕲州。

年轻的蕲州商人热情地接待了这位广东姑娘，并特意把李时珍请来为她治病。

李时珍诊断后，便直言不讳地对这个商人说："麻风病难以治愈。"要他将这位姑娘隔离居住，以免传染别人。

这位姑娘就在蕲州隔离居住下来，她觉得自己的病没有指望，终日闷闷不乐。有时，自斟自饮，借酒消愁。

年轻的蕲州商人见姑娘喜欢饮酒，便特意买了一坛好酒放在她的住房里供她饮用。

过了一些日子，人们奇怪地发现，姑娘的病情大有好转。姑娘本人也自觉病状减轻了许多。年轻人惊喜地将这一情况告诉了李时珍。

李时珍听了也感到惊异，很快赶来想弄个明白。

李时珍向姑娘刨根问底，姑娘也说不出所以然，只感觉自从饮用了室中放的这坛酒后，就觉得病情大有转机。

李时珍从坛里舀出一点酒品尝后，觉得有些异味，俯首坛口，但见坛底泡着一条被酒淹死的毒蛇。取出一看，原来是一条白花蛇。李时珍将这条白花蛇带回家反复研究，认为这种蛇被酒浸泡后，确有治疗麻风病的功效。

不多久，这位广东姑娘的病竟痊愈了。她和年轻的蕲州商人终于结为夫妻，建立了美满幸福的家庭。

蕲州产的白花蛇能治疗麻风病的这一发现很快传开了。后来，人们把它当作名贵药材称为"蕲蛇"。

传说毕竟是传说，带有很大的虚构成分，然而，李时珍对白花蛇进行了一番认真的研究，则是千真万确的事情。

为了真正了解白花蛇，李时珍亲自到大别山中捕蛇采药。

一个雨后初晴的春日上午，在蕲州北部的崇山峻岭之中，一位捕蛇老人和李时珍在崎岖的山路上走着。多少次了，李时珍请求老人带他进山，今天终于如愿以偿。

大山里，茂林修竹，溪流飞泉，李时珍并无心观赏。

一路上李时珍不停地向老人打听蛇的情况，老人谈了许多蛇的形状和捕捉方法，他感到很新鲜。

又走了很长一段路程，两个人都有些累了。林中鸟儿的啁啾，更增添了山林的寂静。

李时珍没有说话，他一直在沉思着："白花蛇为什么有剧毒？怎样才能够捉到它？"

李时珍很清楚，人们常谈的蕲蛇，就是蕲州一带所产的白花蛇。关于白花蛇，宋开宝六年（公元973年）所编《开宝本草》首次收录入药，主治中风湿痹、麻木不仁、筋脉拘急、大风疥癣等症。

宋政和年间所编的《本草衍义》，称白花蛇为褰鼻蛇，并介绍说："诸蛇向下，独此鼻向上。"

白花蛇又俗称五步蛇，人们说，被它咬伤后不出五步，人就要倒地身亡。可以想象白花蛇的毒性有多么厉害。

关于白花蛇和被人们称为蕲蛇的蕲州产白花蛇，李时珍仅仅从药书和传说中略知一二。

蕲州城以北不远的龙峰山，常有白花蛇出没。李时珍很小的时候就同父亲来过这里，虽然看到有白花蛇从身边路旁很快地爬过，也看到过父亲打死白花蛇，但自己却从来没有亲自捉到过，而且那些印象都已经变得非常模糊。

近年来，由于大量捕捉，蕲州城附近的白花蛇日渐稀少了。李时珍这才跟着这位捕蛇老人沿着蕲河而上，来到这座大山里。

李时珍格外高兴，因为他不仅要看到白花蛇，而且能看到老人怎样捕捉它。

来到一个背阳的山坡，捕蛇老人拍了拍李时珍的肩膀，指了指一棵不大不小的栎树。

李时珍顺着老人的指头看去，但见这棵树枝干被青藤缠绕着，一条蛇正爬在树干上吃那青藤的叶子。那蛇微微蠕动，身上明显地有一圈圈白花。

"呵！白花蛇？"

李时珍正看得出神，只见老人轻手轻脚走了过去，从布袋里抓了一把沙子向那条蛇撒去，蛇的身子立即缩成圆圈形，活像一块回圆饼。

老人马上用铁叉叉住其头尾，然后将其头缚住悬挂起来。

李时珍仔细地看着，只见这条蛇头像龙头，口如虎口，黑皮上有白花，两胁有24个斜方格子，腹部有一串像黑珠子一样的斑点，尾尖上有长一二分的指甲。

捕蛇老汉让李时珍看够了，便来到溪边拿出小刀，剖开那蛇的腹部，去掉内脏，放入水中。

这时李时珍惊异地发现，那蛇的尾巴却倒卷进入腹部自己洗涤腹腔。这情景李时珍早先也曾听说过，而今可是真正亲眼看到了。他心想，这大概是所有动物都具备的一种保护创伤的本能反应吧。

老汉把洗干净的蛇用竹片支撑，再弯曲成圆饼放入背篓。他对李时珍说："这蛇拿回家扎缚炕干后，就可以交付药店或者官府了。"

看着老汉把白花蛇处理完毕，李时珍又去扯了一根缠在栎树上的石楠藤。这紫绿色的藤，细小圆滑，有节，每一节藤上长出一片叶子，叶子像杏叶，略短而厚。

在藤贴树处，有一小紫瘤疣，瘤疣中间还有一小孔。

李时珍仔细地看着，又把藤叶揉碎，闻到一种特殊的臭味。他还把石楠藤茎叶送到嘴里品尝，味道很辣。李时珍把这根藤连根扯起，放到自己的背篓里。

对于一个有强烈求知欲的人来说，这是多么珍贵的一天啊！

李时珍亲眼看到了捕捉白花蛇的情景，对白花蛇喜欢吃的石楠藤的形状和气味都细细观看、品尝后，获取了第一手材料。所以在他编写《本草纲目》的时候，才有可能对白花蛇和石楠藤作详尽细致的介绍。

关于蕲州的白花蛇，李时珍作了精辟的总结。他在《本草纲目》卷这样写道："花蛇湖蜀皆有，今唯以蕲蛇擅名。"

并且李时珍还在白花蛇条释名下，首标蕲蛇。

由此可见，把蕲州所产的白花蛇定为蕲蛇载入历史文献的不是别人，而是李时珍。自此以后，人们才知道，所谓蕲蛇，就是蕲州所产的一种白花蛇。由于它治病的效果胜于其他地方的白花蛇，所以受到医药界的珍视。

李时珍在《本草纲目》中又介绍说："然蕲地亦不多得，市肆所货，官司所取者，皆自江南兴国州诸山中来。"

这说明了蕲蛇的珍贵。

李时珍参加采药、捕蛇活动，在《本草纲目》中介绍蕲蛇的形状时，把自己亲眼所见到的一一写了出来："其蛇龙头虎口，黑质白花，胁有24个方胜纹，腹有念珠斑，口有四长牙，尾上有一佛指甲，长一二分，肠形如连珠。"

李时珍在文中所提到的方胜，是方形的彩胜。彩胜是古代的妇女头发上的装饰品，由两个斜方形的彩绸缀合而成。方胜纹即是斜方格子花纹。

文中所提到的念珠，也就是佛珠。念珠斑是指佛珠一样的斑纹。信奉佛教的人，指甲都较长而尖利，所以说："尾上有一佛指甲"。

关于捕捉白花蛇的方法，李时珍也将自己的所见所闻，作了简明扼要的介绍："多在石楠藤上食其花叶，人以此寻获，先撒沙土一把，则翻而不动，以叉取之。用绳悬起，劙刀破腹，去肠物，则反尾洗涤其腹，盖护创尔。乃以竹支定，屈曲盘起，扎缚炕干。"

实践出真知。因为李时珍经历了捕捉蕲蛇的实践，才作了这样身临其境的描绘。

关于白花蛇的炮制，李时珍在《本草纲目》中介绍说："黔地所产之白花蛇长大，头尾可去一尺，蕲蛇头尾只可各去三寸，也有单用头尾者。一条大蛇可得净肉四两。"

蕲蛇炮制加工后"虽变干枯，而眼光不陷"，其他地方的白花蛇却不是这样。

在调查研究蕲蛇的过程中，李时珍收集到治疗梅毒的蛇药酒，这就是传世白花蛇酒的配方，通过自己的临床实践研究，李时珍又配制发明一种新的药酒，即濒湖白花蛇酒。

蕲蛇入药，性能胜于其他地方所产的白花蛇，所以显得特别珍贵。因其珍贵，捕捉的人越来越多，官府、豪绅经常向百姓摊派，强逼硬要。

贫苦的百姓认为，这灾祸的根源是白花蛇，他们把仇恨的怒火集中到白花蛇身上。蕲蛇一年比一年稀少，最后终于灭绝。

然而，李时珍却在《本草纲目》中给后人留下了有关蕲蛇的珍贵资料。更重要的是，李时珍为后人留下了他追求真理、刻苦勤奋、勇于实践的精神。

浪迹天涯找资料

明代嘉靖四十四年（公元1565年），李时珍时年47岁，开始了筹划已久的搜罗百世，访采四方之行。

这次实地药物查访，李时珍带的是徒弟庞宪和次子建元。

庞宪曾患重病，经过李时珍诊治，痊愈后拜李时珍为师。他为人忠厚老成，踏实肯干，又聪慧伶俐，不仅医学上长进快，而且药学上也很有见识。

李时珍的二儿子李建元，擅长绘画，可以帮助李时珍现场绘制药物标本图样。

李时珍和徒弟、儿子3人结伴从蕲州出发，先到汉阳，然后取道襄河北上。他们有时搭船，有时乘车，有时徒步，有时又雇几头毛驴骑着漫游。

3个人每天行止不定，遇到药物样本多的地方，就细心考察，多采一段时间。有的时候，会在沿途遇到病人，就停下给人看病，管治不收钱。

如果遇到贩夫、走卒、铃医，就三三五五一起同行，可以提供单方、草药、医疗信息的，就向他们请教，收集可以采录的资料。

因此，李时珍他们往往是走走停停，住宿也不一定，全随考察需要而定。

有一次，李时珍3人乘坐一条渔船出去收集资料，一位老渔夫听说李时珍是郎中，就从鱼篓中提起一条半大的鲤鱼问李时珍："郎中先生，你说说，这么大的鲤鱼能治什么病？"

李时珍谦虚地回答说："我知道一些，但是不全。请大伯告诉我。"

老渔夫说："这么大的鲤鱼，用它煮着吃，可以治咳嗽，利小便；用来熬粥可以治突然发作的耳聋；用三升醋煮一条大鲤鱼，熬成汁吃，可以消水肿；用鲤鱼血，可以治小儿火疮；把鲤鱼的肠子烧成灰可以驱逐爬进耳朵里的小虫子；鱼鳞还可以治卡在喉咙里的鱼刺呢！"

李时珍笑着说："老伯前面讲的，我听说过一些。最后一条，我还真不知道，大伯能不能讲讲具体的用法啊？"

"很简单，在鲤鱼脊背上剥36个鳞片，用火焙干，研成末，用凉开水冲服。嘿，那鱼刺自己就会跳出来，可神了！"老渔夫看医生也向自己求教，感觉非常得意。

"这种方法我还真没听说，不过以后我会找机会试试！"李时珍诚恳地说。李时珍凡事都实事求是，知道的就说知道，不知道的就说不知道，从不说假话。

有一回，李时珍为了搞清楚"舍命吃河豚"到底是怎么回事，就向一位渔民请教。

这位渔民为了报答李时珍给他治好过重病的恩情，特别做了一道鲜鱼给李时珍吃。李时珍感觉这条鱼肉质又细又嫩，味道实在鲜美，自己以前从来没吃过这么好吃的鱼。

吃过后，渔民才告诉李时珍说这是河豚，李时珍第一次领略到河豚的可口，只是他仍不知为什么叫舍命吃河豚。

渔民告诉李时珍，吃了河豚的脂油、内脏，会使人舌头发麻；吃了河豚的鱼子，会使人的肚子发胀；吃了河豚的眼睛，会使人眼睛发花。总之，如果吃河豚不得法，就会送命的。

李时珍根据渔民介绍的经验，他使用"油麻，子胀，眼睛花"的谚语来告诫人们，吃河豚千万要小心，这些部位不清除干净，吃了就会中毒，甚至死人。

李时珍还亲自下过煤窑，到过炼铅炼汞的作坊，研究矿山工人中毒现象和职业性疾病。

李时珍把许多植物连根采回来仔细研究比较，发现菱、莼、萍属同一类，猪羔草、稀莶草、地菘也属于同一类。

李时珍还从药农那里搞清楚了泽漆和大戟，原来它们并不是历代本草记载的是同一药物，而是两种不同的药物。

从道士那里，李时珍学习了异汞、土黄，即砒剂的制作方法和药用价值。

从铃医那里，李时珍知道了麻黄、蟾酥毒的药用方法，从猎人渔夫那里知道了许多动物脏器的药用价值。

李时珍、庞宪、李建元3人背着药筐，到山林、田野、江湖、工矿去观察、采集药物标本，广泛收集民间治病的经验，虚心向各地老百姓学习、请教。

农民、渔夫、猎人、樵夫、药农、果匠、工匠、矿工、串街铃医、山野道士，都成了他们的老师和朋友。

有一次，李时珍借住在一户人家，这户人家有个小孩，脸颊发黄肿胀，一副无精打采的样子。

李时珍心想，从外表看，这小孩可能得了"小儿积食"，等这次上山采药回来，得抽空给这小孩子治治。

10来天后,李时珍一行3人从山上回来了。李时珍正惦着给这孩子治病呢,谁知道他发现孩子走近他时,竟然红光满面,欢蹦乱跳没有一丝病容了。

李时珍好生奇怪,便忙问孩子的父亲:"你这孩子服过什么药,好得这么快?"

这个40开外的庄稼汉,回答得十分干脆,他说:"这孩子没有服过什么药。不瞒您说,我们家太穷了,哪来钱请郎中买药呢?"

李时珍十分纳闷,又找来这孩子问道:"这10来天,你除了在家吃饭外,还吃过什么东西?"

小孩摇摇头,没有说话。他把手伸进衣兜里,忽然,好像想起了什么似的:"啊,我想起来了。"

小孩一面说,一面从衣兜里摸出几个小红果子来,他说:"前几天,我到山上玩,看见小树上结着许多这种红果子,摘下一尝,酸甜酸甜的。这几天我天天都上山摘它来吃。不信,你也尝尝。"

孩子把果子递给李时珍。

李时珍接过果子一看,认出这是十分普通的野果山楂。

小孩的父亲见李时珍端详山楂,便说道:"这几天,见他衣兜里常装着这种果子,我没在意。我也纳闷,小孩的胃口怎么好了,面色也好多了,敢情是吃了这种果子吧。"

于是,李时珍在笔记里,把孩子的病状及吃了山楂的变化详细地记了下来。

山楂能开胃健脾,从此便被推广开了。

收集药用植物标本

明代穆宗隆庆元年（公元1567年），李时珍这时已年过半百，仍带着徒弟和儿子继续出外采药。

这一次，李时珍注意收集药用植物标本，特别重视发现历代《本草》中未曾记载过的药物。凡是民间流传采用的药物，他都尽量收集记载下来。

比如朱砂，作为消热解毒的重要药物，就是当年李时珍第一个在民间发现，并记载入《本草》的。

其他如月季花、凤仙、玉簪、淡竹叶等200余种新药，都是李时珍从流散在民间、疗效明显的药方中发现，作为药材首次载入《本草》的。

还有三七，李时珍是这么介绍的："此药近时始出，南人军中为金疮要药，云有奇功。"

并说："凡是杖外伤损，淤血淋漓者，随即嚼烂，咽之即止，青肿者即消散。"

这说明当时军队中已用三七治疗杖扑损伤的出血症。同时，对血崩、无名肿毒、虎蛇咬伤等症，疗效也很显著。

三七作为一种重要的中药材，自李时珍发现载入《本草》以来，至今一直是临床研究的热门药材。

李时珍特别注重实践，他聪颖博达，常常创造出一些奇特方法来验证中药功效。

一次，李时珍发现一本书上说野苎麻叶可以治疗淤血症。于是，他找了两杯生猪血来做实验。第一杯生猪血中放了野苎麻叶的粉末，另一杯则什么都没有放。

过了一会儿，放了野苎麻叶粉末的生猪血没有凝固，而作为对照比较的那杯生猪血却很快凝固了，苎麻叶治疗瘀血的功效得到初步证实。

李时珍又深入思索：上面的实验只是证实野苎麻叶能够防凝，那么，对已经形成了的淤血块，它又有什么作用呢？

于是，他又把苎麻叶粉末和入刚刚凝固的血块中，血块竟慢慢地溶化成血水！

这进一步证实苎麻叶还具有化淤的作用。这个药理学试验用今天的标准来衡量也是有一定水平的。

还有一次，为了检验中药凤仙子是否具有"透骨软坚"的功效，他将数十粒凤仙子放入煮沸的鱼汤中，很快将鱼捞起，发现鱼骨变得酥烂，证实了凤仙子具有软坚功效。

李时珍还有意识地用捣烂的银杏，去清洗沾满油腻的器皿，发现它有清除油腻的功效，由此类推证实银杏入肺可除痰浊。

李时珍为了准确记录药物的疗效，有时还不得不效法神农尝百草，亲自试用药效。

古书上说，绿豆能解毒，李时珍决定亲自试试。

为了做试验，李时珍先给小狗吃了毒物，再喂绿豆解毒，结果小狗并没有被救活。后来他经过反复试验，自己亲自尝试，才发现绿豆要加上甘草，熬成汤才有解毒效力。

李时珍还曾经仔细地品尝过各种药的味道。对于药，有些只有亲自品尝才能对它有真正的了解。如繁缕，即鹅肠草，并不是鸡肠草，两者非常相似，但鹅肠草味甘，茎中是空的，花为白色。

而鸡肠草味道稍苦，咀嚼时口水较滑，茎中没有缕，叶的颜色微带紫色，花也是紫色的，用咀嚼品尝的办法最容易区别。

即使对于传言有毒的药，李时珍也要谨慎地去试一试，为了弄清传说中有毒的药草，他亲自品尝了覆盆子、莓、蛇莓、悬钩子等数种类似的药草。

如蛇莓，传言会毒死人，但是李时珍用后发现并没有毒。李时珍反对臆断药味而侈谈本草，不经过实践会造成很多错误的判断。

为了了解药物的各种性质，李时珍还亲自栽种了大量的药物和一些农家谷类菜类植物，对前人的许多错误加以纠正。

李时珍亲自炼制了许多药品。如对樟脑进行炼制，李时珍用两个碗将一两重的樟脑合盖住，用湿纸将边缘封上，用火烧烤。经过一段时间后取出，等冷却后就可以用了。这是一般的方法。

还有另一种方法，就是用一些黄连、薄荷、白芷、细辛、荆芥、密蒙茬、当归等，将樟脑与这些药一起放在一个新的大土碗中，放上一些水，再用另一只碗盖上，并将口糊好，用火煨之。等水干了后取出来，樟脑就出来了。

这后一种方法就是后来说的"升华法"。

对其他如轻粉、粉霜、银朱、密陀僧、玄明粉、阿胶等，李时珍都曾经亲自进行过炼制，并给予了详细的记载，所有的炼制，他都是亲自操作和记录。

听过不如见过，见过不如做过。眼见为实是李时珍严谨的治学态度之一。因此，凡检验前人的说法，他都要亲自看到才会相信。

有一次，李时珍读陶弘景的书时，发现上面介绍了一种稀奇的动物：穿山甲。

穿山甲又叫鲮鲤，也是一种药材。它的鳞甲可以医治一些妇科疾病，还可以帮助产妇疏通乳道，多产生奶汁。李时珍认为，深入研究穿山甲是很有必要的。

穿山甲这种动物并不罕见，但陶弘景介绍的有关这种动物的捕食方法，却让人非常惊奇。

陶弘景是著名的医药学家，他在《神农本草经集注》中对穿山甲进行了这样有趣的介绍：

穿山甲长得像鲤鱼，黑色，全身披盖着十分坚硬的鳞甲，有4只脚，能在陆地上爬，能在水里游。它以蚂蚁为食。

每当中午时分，穿山甲游到岸上，张开它的全部鳞甲，躺在那里装死，用它那带有水腥的气味引诱蚂蚁前来觅食。

用不了多长时间，一传十，十传百，四处的蚂蚁纷纷而至，爬满它的周身，钻到鳞片里去寻找食物。

等蚂蚁多了，穿山甲就关闭了它的鳞片，爬入水中，再张开鳞甲，使蚂蚁全都浮在水面，这样，它就能吞吃这些蚂蚁了。

陶弘景的记载真有意思！看来，穿山甲还真有些"骗术"，食蚁前后的程序，逻辑性还真强。

然而，那么大的动物竟以小小的蚂蚁为食，要"骗"多少蚂蚁吃才能填饱肚子呢？这些问题引起了李时珍的好奇。

于是，李时珍决心对穿山甲食蚁的情况进行一番考察。

有一次，李时珍正好碰到一个樵夫手提一只大穿山甲。他便花了几钱银子从樵夫手中买下了大穿山甲，邀樵夫一起解剖，想证实陶弘景的论断。

果然，他从穿山甲的腹中取出许多蚂蚁。李时珍对徒弟和儿子说，陶弘景对事物的观察非常细微，他不仅讲了穿山甲能吞食蚂蚁，还讲了穿山甲吞食蚂蚁的方式。

可是樵夫听了李时珍的话，不以为然，说穿山甲可不是这样吃蚂蚁的。它是先用尖嘴巴拱开蚁穴，然后用长舌头舔食蚂蚁的。

李时珍听了樵夫的话，极感兴趣。他又给了樵夫几钱银子，请他带自己一起去捉穿山甲。

经过耐心的寻找，李时珍他们捉住了一只穿山甲。在山民的协助下，李时珍有机会观察到了穿山甲的习性。

李时珍一边观看，一边做记录：穿山甲，身形似鲤鱼，头如鼠，嘴尖尖的、没有牙齿，舌长长的、黑色，遍身有厚厚的鳞甲、鳞片硬硬的，尾巴大大的、尾呈三角形，腹部没甲片、却有毛。

关于穿山甲的形态特征，陶弘景介绍得差不多，但穿山甲如何吃蚂蚁，却不是那么回事了。

穿山甲在找食物了，只见它四处嗅嗅，停了下来，似乎找到了什么。它在用尖嘴拱地，拱了一会儿就拱了一个洞。

原来是拱开了一个蚁穴，穿山甲扒开洞边的土，把长长的舌头探到蚁穴中去，舔了一舌头蚂蚁，一吞舌就捋下了舌头上的蚂蚁，咽了下去。

然后再探舌、吞舌，不断进行这个动作。李时珍这次真的相信樵夫说的了，原来穿山甲不是骗蚂蚁吃。穿山甲食蚁的过程弄清楚了。但它究竟能吃多少蚂蚁呢？

观察到穿山甲吃劲儿大减的时候，山民就捕捉了那只穿山甲。他们在石板上当场杀死了穿山甲，剖开了它的腹部，李时珍看到穿山甲的五脏六腑俱全，只是它的胃占的比例很大。

剖开胃，满胃都是蚂蚁，有的还在爬来爬去，他们粗粗地估计了一下，从这只穿山甲胃中刮出的蚂蚁，至少有一升多！

李时珍这次观察、研究的结论很重要。它不仅肯定了前人正确的结论，也纠正了关于穿山甲张鳞骗蚁吃的传说。

李时珍把这一观察结果记下来写进了《本草纲目》中，同时也录进陶弘景的描述，作为穿山甲食蚁方式的一种补充。

看松树辨别茯苓

"麻沸散"是华佗为病人做手术发明的麻醉剂，可惜配方失传。李时珍少年时曾听父亲说曼陀罗花是麻沸散的主药，但未曾亲自见到，不敢妄下断语。

但是，李时珍一直记在心里，非常注意寻找曼陀罗这种药物，试验它的药效是否属实。

可惜几十年来，他走遍一座座村镇，翻过了一道道山岭，渡过了无数条小溪大河，都未找到曼陀罗花的下落。

李时珍的徒弟庞宪，尤其忘记不了曼陀罗花，他天天都在嘀咕：曼陀罗，曼陀罗，你到底在哪儿啊？常常把李时珍逗得直笑。

一天，他们走过一座大山，看见药农正在那里攀崖越沟地采石斛。因为那里药铺里卖的石斛，都是用木料冒充的，石斛很难得，因此，李时珍就向他们打听价钱，想买一些带回去。

药农们听说他是个医生，专门出来找药草的，便不肯收他的钱，李时珍再三说，他们还是不肯。于是，李时珍就请他们到村店里去喝酒，表示感谢。

喝酒时，大家和李时珍谈了一些药草方面的事情，得知李时珍已经跑了很多地方，便向李时珍道辛苦。

李时珍连忙摆手说："快不要这么说，刚才看你们采石斛，简直拼上性命，我们跑一点路，真是不算什么。"

这时庞宪忍耐不住，拉住一位药农，向他打听起曼陀罗花来。那人一愣，转问别人，别人也摇摇头，说不知道。

庞宪听了重重地叹了口气，他们只好再次上路了。

有一天，李时珍他们骑着驴，跑进一条山道，见两旁山谷里长满了松树，一个个身如鳞甲，叶似猪鬃，都是生长了几十年几百年的高大老松。

他们边走边看，一会儿，李时珍开口说："庞宪，你瞧，这里的松树同刚才见到的不一样，都长得干巴龇裂的。"

庞宪抬头，见前面树林里，果然有几棵松树，叶子都已凋黄，随口答道："怕都是病松吧！"

李时珍摇摇头，说："这不是平常的病松，那树根下面的土为什么都是泡的，我猜那里面有茯苓，我们过去挖起来看看。"

说着，李时珍下了驴，庞宪也从驴背上跳下来，从驮袋里抽出一根小鹤嘴锄，跟着师父走进了松林。

李时珍围着树走了两圈，看了看土色，选定了一块地方，指给庞宪看，庞宪就用锄头使劲地挖。

那赶驴的这时从后面赶来，见庞宪力气小，挖得不深，便接过锄头掘了下去。

挖了一会儿，果然挖出一颗有番薯大的褐皮茯苓。

庞宪高兴地说道："书上说，多年松脂化为茯苓，就是这个吧！"

李时珍看到松林里很多松树都已凋败，便指着这些松树对庞宪说："这里的茯苓都是人种的，你瞧这一片全是。这里一定有种茯苓的人家。"

他们赶到镇上，寻了一家旅店住下。李时珍便带着庞宪出去寻访。走进了第一家，才问了一句："你们这里的茯苓近来收成还好吗？"那个老人本来是笑脸相迎，可一听他的话便变了脸色，用目光上下打量一番，然后冷冷地说：

"那可不知道，我们早就不种这个了。"

李时珍一连问了几家，都是这个情形：大家见他打听茯苓，对他都没有什么好言好语。李时珍不知道是什么原因，只得回到旅店，他百思不得其解。

店家从赶驴人那里得知李时珍是个出来采访药草的医生，见他在药农家里碰了钉子回来，便笑着说：

"你要问话，为什么不先说明你是干什么的，他们一定以为你是官府里派下来查茯苓的了。"

李时珍忙问什么原因，店家就一五一十地告诉他：

这两年，京城里的皇帝和大官大府都兴吃茯苓，说是吃了可以延年益寿，却又不要小的要大的，让各地寻找。这里的官府要药农交大尺寸的，可是，大茯苓哪里会随便就有？交不出，官府就几次三番地派人来催，弄得人心惶惶，不得安宁。

店家说到这里，笑道："你赶上这个时候去问这个东西，谁还会回答你？现在我去替你说说，就没事了。"

经过店家说明，李时珍再去访问，果然，药农们对他便另是一番款待。李时珍要了解的事情，也都一一弄明白了。

冒险品尝曼陀罗花

这一年秋末,李时珍采药归来,顺道去河南光山县看大儿子建中。建中依照祖训,实现了李家改换门庭的愿望,乡试中了举人,当上了光山县的教谕。

教谕是一种学官,负责文庙的祭祀,教育所属生员。建中的官虽不大,但住在纪念孔夫子的文庙内,环境十分幽雅。

李建中由于自小受到祖父和父亲的熏陶,虽然做了官,仍然喜欢种植药草。

李时珍在文庙的后花园中发现了一种开白花,状如牵牛,叶如茄子的植物,便问建中是什么花。

李建中告诉父亲,这里的人把它叫作山茄子,或者风茄儿。

李时珍点点头,顺手摘了一枝花,仔细地观察起来。这种叫山茄子的植物,绿茎碧叶,独茎直上,高1米多,花有6瓣。

看着这种植物,李时珍突然想起在茅山道观中见到的陀罗星使者塑像来,陀罗星使者手中持的花同这花的形态十分相似,难道这就是曼陀罗花?

李时珍兴奋地叫来庞宪、建元说:"你们看,走遍天涯无觅处,得来全不费工夫,这不就是曼陀罗花吗?"

庞宪大惑不解,问道:"师父,你根据什么认定这就是曼陀罗花?"

李时珍说:"《法华经》上讲,佛说法时,天上曾经降下曼陀罗雨,后来,道家将北斗七星中一颗星叫做陀罗星,陀罗星使者手中常持曼陀罗花。我在茅山道观中看到的陀罗星塑像,手中拿的白花和这株花十分相似。不过,要确认这是曼陀罗花,还得亲自尝一尝。

"相传,在采曼陀罗花时,如果采花人在笑,用此花酿成的酒人饮后就会发笑;采摘的人如在舞,用此花酿酒饮后则会令人手舞足蹈。我们不妨一试!"

建中忙劝阻说:"父亲不可造次,万一这种花有毒,那不是太糟糕了吗?"

李时珍兴致很高,一面采花,一面哈哈大笑说:"古时神农敢尝百草,我要重修《本草》,怎能畏首畏尾?要是不尝尝,怎么断定它的功效呢?再说,总不能拿病人去做实验吧!"

李时珍将花揉碎,然后放进酒中,过了几天,药酒泡好了。李时珍决定自己首先尝一尝,亲身体验一下曼陀罗的功效。

为了避免中毒,李时珍叫建元准备了解毒药。

做好了一切准备后,李时珍将酒倒入杯中。他毫不迟疑,举杯将曼陀罗酒饮了一大口,觉得味道很香。

又抿了一口,舌头以至整个口腔都发麻了。

再抿一口,不一会儿竟发出阵阵傻笑,手脚也不停地舞动着。

最后,李时珍失去了知觉,摔倒在地。

一旁的人都吓坏了,连忙给李时珍灌了解毒的药。过了好一会儿,李时珍醒过来了,大家这才松了一口气。

李时珍一醒过来，就高兴地狂呼："真是曼陀罗花！真是曼陀罗花！"

李时珍兴奋极了，连忙记下了曼陀罗的产地、形状、习性、生长期，写下了如何泡酒以及制成药后的作用、服法、功效、反应过程等，并叫建元仔细地绘制了曼陀罗花的图样。

李时珍经过反复试验，最后用曼陀罗花和火麻子花制成了类似华佗"麻沸散"的药剂，并在《本草纲目》中将这一段经历作了如下记述：

相传此花笑采酿酒饮，令人笑；舞采酿酒饮，令人舞。

予尝试之，饮至半酣，便令一人或笑或舞引之，乃验也。

八月末采此花，七月采火麻子花，阴干，等分为末。

热酒调服三钱，少顷昏，如醉，割疮灸火，宜先服此，则不觉苦也。

已经年过半百的李时珍，立志修改《本草》，皇帝不支持，朝廷不赞助，他自己花钱带着徒弟，访采四方，遍尝百草。

李时珍经常说：

医者贵在格物，方士固不足道，本草其可妄言哉？

李时珍这种务实、探求真理的敬业精神，把身家性命置之度外的奉献品质，是值得后人永远学习的。

远涉太和山中

李时珍不仅留心药物,还随时收集治病的单方。庞宪见师父有个笔记本,上面密密麻麻记的全是单方,什么箭头草烧出烟来可以熏疮啊,胭脂菜捣烂了涂在伤口上可以治虫伤啊,刀豆子烧成渣滓吃下去可以治呃逆啊,一条一条,都记得很详细。

有一天,庞宪问起这事,李时珍对他说,这些单方都是人们一代一代地传下来的,有许多很灵验,用的药又简便。山村野洼的地方,人得了病,一时请不到医生,用这种土方子治,往往很见效。

庞宪说:"那师父编的书,这些东西也要编进去了。"

李时珍点点头说:"不错。可是,我们现在找到的还太少,还得多跑一些地方才行呢。"

他们走了一个村又一个村,有时候一连几天在山里走。夜晚若找不到店住宿,就随便找个破庙之类的小屋住下,遇到山路陡的地方,平地里没有房子,他们就住在隐居的道士沿山壁搭的小木屋里。这种小木屋,很像吊在半山腰的一只木笼,大风一吹,摇摇欲坠,还不时听到远处的猿啼狼叫。

李时珍每天找定住处,就忙着把白天找到的药草仔细地研究,一面在笔记本上做记录,还让儿子建元画下图样。

到了偏僻的地方,人家看见李时珍他们那般举动,起初都有些疑心,交谈之后,才知道他们是出来采访药草的。他们在困难时,常常得到意外的帮助。

一次,他们路上遇到了暴风雨,前不着村,后不挨店,狼狈不堪。就在这时,有几个山农迎上来,问明他们的来历,便留他们住下。

山农们告诉他们,前面有一段路要从山谷底下走过,一下大雨,山水就往下冲,走那段路非常危险,劝他们多住几天,天晴了再走。

原来这几个山农,都是趁着闲空的时候,出来打猎的。白天出去打猎,晚上带着些猎获的獐兔什么的,一起烧着吃。

李时珍多住了几天,和他们谈得很投机,顺便也了解到一些山禽野兽的知识。有个山农在讲起虎骨治病的效力时,还告诉了李时珍一条经验,说用虎骨作药,应该用前腔骨,因为老虎一身的筋节气力都用在前腿上。

李时珍听了,不禁感叹地对庞宪和儿子建元说:"这些话,古人的书上也不是没有讲过,可是总没有他们讲得透彻。我们这次出门,差不多走到哪儿都能听到一些新鲜的事情。"由此可知,群众才是智慧的源泉。

李时珍他们在北道走了很长时间,回到湖广。李时珍原来有个打算,想拐个弯回家看看,再到别的地方。

可是到襄河附近时,李时珍改变了主意。他说:"此去不远就是太和山,我看我们还是先到那里走一走,再回蕲州去吧。"庞宪和建元也都表示赞成。

太和山即今武当山,位于湖广均州西南,方圆400多公里,山中有 72 峰和 24 涧，层峦叠嶂，林木丛生，满山是珍禽异兽，遍地是奇花异草，是一座天然的动植物药库。

李时珍三人在太和山一晃就是数月，采得无数药物标本。一天黄昏，他们来到紫霄宫附近，在大树参天、荒草没顶的小径行走。

忽然，建元发现一棵榔树上结着一种奇怪的果子。

李时珍驻足一看，见榔树上果实累累，果实形状既像桃，又似杏。他从低垂的树枝上摘下一个，咬了一口品尝，那果子极为香甜，略带酸味，有点像熟透的梅子。

吃着吃着，李时珍突然明白了这是什么东西，他脸色都变了，对庞宪和建元说："糟了，我们吃了皇上下令百姓不准偷吃的禁果，这是榔梅啊！"

庞宪听师父这么说，觉得奇怪，就问："榔梅有什么稀奇，百姓尝一下都不可以？"

李时珍叹了一口气，说："其实，榔梅没有什么奇特，不过是将梅树枝嫁接到榔树上，从而结出的果实。只不过果实的形状奇特一些，味道也不错罢了。"

原来问题出自当今皇帝，因为他信奉道教，特别钟爱这种叫榔梅的水果。

关于榔梅有一个传说，真武大帝当年在太和山修道时，折了一枝梅枝插在榔树上，对天祈祷说："吾道若成，开花结果！"

后来，那株榔树果然开了花，结了果子。

道士们每年秋天将果子摘下来，用蜜炮制，向皇帝和王爷进贡，说吃了能成仙得道，长生不老。

以后，皇上便下令将榔梅定为禁果，只准进贡朝廷，百姓不得偷吃，偷吃便视为犯法！

李时珍话还未说完，一群道士提着木棍走来。李时珍连忙迎上前去，给这些道士解释。他说："我们是郎中，进山采药，误食禁果，万乞原谅！"

众道士中，走出一个德高望重的人，看来是道长。

这位道长询问李时珍："你是什么地方来的，为何到此？"

李时珍说："我是蕲州郎中李时珍，为了重修《本草》，所以来这里查访药物。"

道长得知李时珍是蕲州来的，便向他打听李言闻的情况。

李时珍一听道士提起自己父亲的名字，心想这说不定是熟人，就赶紧回答说："仙长所问，正是家父。"

当这位道人得知李时珍便是李言闻的儿子时，便异常高兴地告诉李时珍，他和言闻是刎颈之交。于是，干戈立即化为玉帛，道士视李时珍为侄辈，邀他到道观一叙。

李时珍3人随道长进入紫霄宫。只见紫霄宫内香烟缭绕，大殿正中，有一个巨大的炼丹炉，炉火正旺。

李时珍告诉道长："我想在重修《本草》时，将炼丹家炼制各种丹药的方法和药效记载上去，请道长指教。"

道长非常爽快，愿意满足李时珍的要求，将他所知的炼丹术和盘托出，供李时珍参考，并亲自领李时珍观看炼丹过程。

李时珍干脆就在紫霄宫住了下来，详细记录各种丹药的制作过程和疗效，同道长讨论各种丹药和矿物药的功效和弊病。

道长思想很开明，并不保守，两人谈得很投机，不只谈丹药，还谈诸子百家，常常交谈至深夜。道长是个学识渊博的人，他把李时珍视为难得的知己，竟将紫霄宫秘传的"武当行步功"授给了李时珍，使李时珍获益匪浅。

这天到了九月初九重阳节，晚上，李时珍望着皎洁的月光，向建元、庞宪讲起重阳节登高、饮菊花酒等习俗的来历。

东汉时期的桓景随费长房学道。有一天,费长房告诉他,九月初九这一天,你家有灾。全家人必须用绢袋装上茱萸,爬到高山上饮菊花酒,天黑之后回家,才能躲过此难。

到了九月初九,桓景根据费长房的吩咐做了。晚上回家后,只见家中的鸡、牛、羊等动物死光了。他逢人便讲费长房料事如神。

这件事一传十、十传百。家家都在九月初九佩茱萸登高、饮菊花酒消灾。

李时珍望着庞宪、建元惊异的眼睛,笑着解释说,这件事其实并不神秘。

九月正是晚秋,寒湿之气会合,往往形成寒湿毒邪,造成人畜生病甚至暴死。茱萸能驱除寒湿之气,菊花酒温暖助阳,加上高山上湿气较淡,所以能躲灾疫。

李时珍用他渊博的知识,给万里行程增添了无穷的乐趣。

通过几年野外采集工作,李时珍发现了前人没有记载、经过考察证明可作药用的植物、动物、矿物药数百种,记述了上千种药物的性状、治疗效果。

像后来广泛运用的动物药材如牛黄、狗宝、牡蛎、珍珠等,都是李时珍第一个编进《本草》的。

通过野外考察,李时珍记述了许多矿物学知识,他说:"金有山金、沙金两种,其色七青、八黄、九紫、十赤,以赤为足色,和银者性柔,试石则色青;和铜者性硬,试石则有声。"

李时珍关于金银的这些记载,就是冶金中的"比色法"。这种方法一直在冶金行业中被长期使用。

李时珍还记述了试验金子成色的方法,即用试金石在金子上画一条线，凭线的颜色和标准样品的颜色比较，就能够估量出金子的含金量。他还同时注明，这种方法只可用于金银合金，不能用于金铜合金，还补充了区别这两种合金的办法。

另外，李时珍还记述了铝粉制法的原理和步骤，这是世界上最早的关于铝粉的制作方法的记录。他还发现了许多新的矿物药，如石炭等。

通过实地考察，记录民间药方，李时珍为《本草纲目》的完成做好了扎实的准备工作。

最终完成惊世巨著

　　李时珍经过大半生努力，收集了堆满几个屋子的丰富资料，其中有从 800 多部书籍中摘录下来的文字，有成千上万份植物、动物、矿物标本和绘图。

　　现在等待李时珍去做的，是如何将这些文字和实物，有条理有系统地写进他重修的《本草》中去。

　　李时珍仔细地研究过前人所编《本草》成功的经验与失败的教训。从《神农本草经》到唐慎微的《证类本草》，诸多版本的主要成就在 4 个方面：

　　一是概述了本草理论与载录药物相结合；

　　二是描述了药物形态与绘制药图相结合；

　　三是引证了前人论述强调注明出处；

　　四是在药物之后汇集了单方验方。

　　虽然如此，李时珍深感各种《本草》有一个通病，就是在进行药物的分类的时候，全采用《神农本草经》的方法，把药物分为 3 类，上品、中品、下品。

　　上药"主养命以应天，无毒，多服久服不伤人"；中药"主养性以应人，无毒，有毒，斟酌其宜"；下药"主治病以应地，多毒，不可久服"。

李时珍在钻研典籍，实地考察中，痛感这种分类方法弊端极多。用这种分类方法，草石不分，虫兽无辨，杂乱无章。

"或一药而分数条，或两物而同居一处，或木居草部，或虫入木部；水土共居，虫鱼杂处；玉石不分；名已难寻，实何由觅。"

究竟用什么方法来重修《本草》呢？李时珍为此已研究了10多年，而且已经理出头绪来了。

李时珍35岁时，在阅读朱熹的《通鉴纲目》时，发现《通鉴纲目》的分类方法很科学。

朱熹和其弟子们在编撰中建立的"纲目"体例，以纲带目的分类法很有参考价值。

那么，何不以纲目体系来重修《本草》呢？

李时珍经过反复研究后，认为这个体系很好，干脆把书名也叫做《本草纲目》。

于是，李时珍重修的《本草》建立了崭新的分类体系。

李时珍把从典籍中抄录的资料、考察中采集的标本、绘制的图样，都按自己拟定的纲目体系分门别类予以保存。

经过10多年来的探索，几经调整，新的本草逐渐定型下来，李时珍建成一套查找、保存都十分方便的科学分类方法。

李时珍把近2000种药物，按照自己建立起来的科学体系，设立了3个纲目系统。

要检索某一味药，了解它的产地、性状、主治、修治方法，就如同从《辞源》中查找一个词条，非常简单方便。

李时珍建立的系统，一是以部为纲，以类为目；二是以类为纲，以药为目；三是以药为纲，以八项分析为目。

《本草纲目》还编写了《百病主治药》的纲目系统。

李时珍以病名为纲，以辨证用药为目，将药物按其性能和主治进行分类，组成了《百病主治药》的纲目系统。

《本草纲目》共立113项病症，包括内科、外科、儿科、妇科、五官科等。每项病症下列举主治药物，供医家临床选用，按病查药，一目了然。

《百病主治药》实际上是一部独立的医学著作，这一部分编在《本草纲目》正文前面，主要是为了促进医药结合。

这部明代中叶的巨著《本草纲目》，在李时珍一家四代辛勤努力下，进入真正操作阶段。

李时珍任主编，长子建中和次子建元帮助校正书稿，三子建方和四子建木进行重订，孙子树宗、树勋、树声等进行分类分项类编，树木帮助誊写，书中1000多幅精美的插图，是次子建元亲手绘成的。

另外，李时珍的两个弟子，庞宪和瞿九思，则是从头到尾得力的助手。

《本草纲目》在李时珍的奋力拼搏下，从收集资料开始，整整经历了27个春秋，三易其稿，于明万历六年（公元1578年）秋，脱稿完成。

这一年，李时珍60岁，人们永远也忘不了这一年。

出版《本草纲目》

明万历七年（公元1579年），李时珍带着作品四处联系出版事宜。最后，李时珍怀着一线希望，到江苏太仓去找王世贞。

王世贞曾任过湖广按察使，是一个学识渊博、谈吐风雅、思想开放的文人。李时珍曾为他看过病，两人颇谈得来。

到了王世贞家，李时珍说明来意，打开自己的行囊，将书稿放在书案上，请王世贞过目。

李时珍向王世贞详细陈述了自己重修《本草》的缘由与目的，介绍了全书内容及27年来的写作经历，恳求王世贞以他的名望鼎力扶植、推荐，使《本草纲目》得以印刷发行，流布天下，造福世人。

王世贞打开书稿，仔细阅读。《本草纲目》包罗万象、博大精深、丰富多彩的充实内容，高屋建瓴、纲举目张、眉目清楚的编排方式，每味药物所作的详尽介绍，既典雅又通俗的文笔，以及精美细致的1000多幅插图，深深地吸引住了他。

王世贞心想，这需要作者付出多少的心血啊！

王世贞抬起头来打量李时珍，只见李时珍虽年过花甲，但面色红润而有光彩、谈吐幽默而富有风趣，不由得暗暗称赞说：

　　真可称得上是南国第一人啊！

　　王世贞由衷地希望，这部著作能尽早地刻版印刷成书，供人们学习研读，并用来济世救人，可惜他力不从心，刊刻这么一部巨著是需要很多钱的。

　　王世贞的父亲被奸臣严嵩所害，他自己也因对朝廷发表了不满言论，被免职还家，家产被抄一空，自己平时也只能靠卖字画糊口度日，对于李时珍，正如常人所说的那样：自顾不暇，爱莫能助。

　　王世贞只好挽留李时珍在家住了几天，怀着十分遗憾的心情，送走了李时珍。

　　临行前，王世贞一再嘱咐说："千万不要急躁，不妨在南京长住下来，慢慢寻找机会出书。"

　　李时珍带着儿子在南京住了下来，一边为人看病，继续收集从外国流传进来的药物，一边寻找机会出书。

　　当年三宝太监郑和七下西洋凯旋，被任命为南京守备太监的时候曾在南京狮子山兴中门外，建造了静海寺和天妃宫，作为他晚年的休养处所。

　　当时，郑和把从南洋带回的大部分珍贵奇物，贡献给皇帝玩赏，而将大部分药用植物，种植在静海寺内，如今，这些植物在历代僧众的精心侍养下，生长的枝叶茂盛，它们都是李时珍研究番药的绝好材料。

　　所以，李时珍在南京时，常到静安寺实地观察、鉴别，加以分析和总结。

李时珍在南京一住就是几年，没有寻找到愿意刻印书的书商，但是经过几个春秋的努力，他收集了几十种番药，充实进了《本草纲目》。

像珊瑚、玳瑁等可入药的珍宝，伽蓝香、降真香、黄连香、金银香等香药，芦荟、胡椒、革拔、奇捕香等名贵药材，都是李时珍在南京几年新收集到的。

李时珍在南京没有找到刻印书商，只好失望而归，回到蕲州度晚年。

李时珍晚年在家，继续以高超的医术为人民造福，间或与师友往来，饮酒赋诗自娱。

李时珍70大寿时，长子建中从四川蓬溪知县任上赶回，全家团聚。李时珍的《过硕馆诗集》出版。

李时珍72岁高龄时，仍然不顾年老体弱，再次去南京联系刻印《本草纲目》事宜。这时，王世贞已为《本草纲目》写好了序，他盛赞此书是传世之宝。可惜这个宝物竟然无人识货，得不到刊刻的机会。

天无绝人之路，一个偶然的机会，李时珍结识了南京有名的富商胡应龙，两人一见如故。

胡应龙几年前便在朋友家看过《本草纲目》的手抄本。胡应龙询问书刊印出来没有，李时珍将几年来所遇到的酸甜苦辣百感交集地向胡应龙倾诉出来。

胡应龙听到这样的好书竟无人肯承印，大为不平。他当场表示，不仅慷慨解囊，负担刻印《本草纲目》的全部费用，而且还要负责监督、解决刻印过程中的一切问题，争取早日将《本草纲目》出版问世，以酬知遇之恩。

李时珍受到胡应龙的盛情款待，心中不由大喜，奔波了10年的问题，终于迎刃而解。这真是，踏破铁鞋无觅处，得来全不费工夫。

由于胡应龙的大力支持，《本草纲目》在明万历十八年（公元1590年）开始刻版，这部全文190万字，插图1000余幅的巨著，单刻版就进行了3年才告完成。

而这位为撰写和出版《本草纲目》花费了毕生精力的李时珍老人，此时已重病缠身，回到老家蕲州。他虽然卧床不起，仍焦急不安地期待着他倾注了全部心血的宏伟巨著出版。

遗憾的是，李时珍生前，并没有亲眼看到自己终生为之呕心沥血的这部巨著印行。

万历二十一年（公元1593年），李时珍去世，终年75岁。

这部旷世名著每一个字都浸透着李时珍的心血。书中编入药物1892种，其中新增药品374种，并附有药方10000多个，插图1000多幅。其规模之大，超过了过去的任何一部本草学著述。

《本草纲目》综合了植物学、动物学、矿物学、化学、天文学、气象学等许多领域的科学知识。它那极为系统而严谨的编排体例、大胆纠正前人漏误的确凿证据以及继承中有发扬的科学态度，都令人赞叹不已。

可以毫不夸张地说，《本草纲目》是我国药学史上的重要里程碑。

从17世纪初开始，《本草纲目》就在医药学界不胫而走，辗转传往世界各地，先后被译成日、德、法、英、俄、拉丁等十几种文字，被公认为"东方医学的巨典"。

19世纪著名生物学家达尔文曾评价《本草纲目》，说它是"中国古代的百科全书"。

　　李时珍的一生，成果卓著，功绩彪炳史册，为祖国的医药事业作出了巨大的贡献。他不仅是中华民族的骄傲，也是公认的世界文化名人。

　　后来，在蕲州雨湖南岸的李时珍墓前，有一座用花岗石砌成的墓门，横梁上镌刻着"科学之光"4个大字，这便是华夏子孙对他的最高赞誉，李时珍永远活在人们心中。

附：年　谱

1518年，出生在湖北省蕲春县蕲州镇瓦硝坝村。

1523年，在父亲的教导下，立志读书。

1527年，开始上私塾学习八股文，积极为日后的科举考试做准备。

1530年，蕲州知府周训将他选送到黄州去应"童试"，得中秀才。

1532年，第一次参加乡试，落榜了。

1540年，第三次参加乡试，依然名落孙山，打算弃学从医。

1542年，最终得到父亲同意，开始立志学医。

1550年，立下了雄心壮志，不怕任何艰难险阻，一定要重修《本草》。

1551年，明宗室武昌楚王听说李时珍医术精湛，聘他到王府主管祭祀礼仪和医务。

1558年，楚王将李时珍推荐到京师太医院供职。

1559年，托病辞职，返回家乡蕲州，开始了专心重修《本草》的艰辛工作。

1564年，父亲李言闻去世。临终前，他嘱咐李时珍克服困难，尽快将《本草》重修好。

1565年，开始筹划已久的考察计划，他带着徒弟庞宪和次子建元出去作药物查访。

1567年，年近半百，再次带着徒弟和儿子继续出外采药，这一次主要是收集药用植物标本。

1568年，李时珍一行3人来到久已向往的太和山，采集了大量药物标本。

1578年秋，在李时珍的奋力拼搏下，整整经历了27个春秋，三易其稿的《本草纲目》，终于脱稿完成。

1579年，李时珍带着作品四处联系出版事宜。最后，李时珍怀着一线希望，到江苏太仓去找王世贞。

1590年，通过多方努力，在一些朋友的帮助下，《本草纲目》才正式开始刻印。

1592年，李时珍病倒了，在病床前，念念不忘《本草纲目》的刻印刊行工作。

1593年，李时珍在家乡蕲州与世长辞了，享年75岁。他的遗体被安葬在雨湖南岸的竹林湖。

1596年，《本草纲目》在南京首次出版，这个版本就叫"金陵版"《本草纲目》。

1603年，江西夏良心、张鼎思等以金陵刻版为蓝本，将本书第一次进行了翻刻，以后又辗转翻刻了30次。

1637年,首次在日本翻刻了《本草纲目》。此后的77年中,又翻刻了7次。

1665年,《本草纲目》拉丁文译本在维也纳刊行,对欧洲植物学的发展起了一定的作用。

1885年,安徽合肥人张绍棠等再版此书,进行了一些编辑加工,这个刻本称为"张氏味古斋刻本"。